失敗に学ぶ

自治体まちづくりの仕事

元杉並区まちづくり担当部長
鳥山千尋

寄稿 有田 智一、柳沢 厚

学芸出版社

はじめに

基礎的自治体のまちづくり職員が経験から掴んだ勘所

　著者は、大都市東京の23区のなかで、住宅区と呼ばれる杉並区に長年勤めてきました。その間を中心に住民に最も身近な行政体＝基礎的自治体で、多くの人びとの暮らしの場であるまち・地域をより安全・安心で魅力のあるものとするための施策、すなわちまちづくり――を実践してきました。そのプロセスのほとんどは、まち・地域に関わる多様な主体（ステークホルダー）の参加・協働をいかに進めるかでした。それまで経験したことがない参加・協働を進めるにあたって自治体の側に整然としたマニュアルがあるわけではなく、課題を解くにはたくさんの試行錯誤があり、ハプニングがあるのも当たり前でした。

　そんな基礎的自治体でまちづくりに携わる職員（まちづくり職員）ならではのリアルな経験をもとに、これからまちづくりに取り組もうとする自治体職員や住民、事業者、専門家などにぜひ伝えたいポイントをまとめたのが本書です。

なぜ失敗やハプニング、試行錯誤を語るのか

基礎的自治体のまちづくりのむずかしさ、一方での魅力は、まちづくりが「現場における総合的な解決」を求めるからです。つまり、①まち・地域に関わる多様な主体の意思を調整し、まとめる、②まちづくりの現場の特性に合わせ、さまざまな制度・事業や資源をヨコつなぎし、活用する、③国・都道府県をはじめ、自治体組織内外の幅広い連携、協力を得る、など多種多様なスキル、ツールの総合化がまちづくりに求められるのです。

それゆえ、まちづくりの現場は一つ一つ異なり、教科書にある手順や成功例をなぞれば良いといったものではありません。そこで本書では著者が実践してきたまちづくりにおける失敗やハプニング、試行錯誤とそれらを乗り越える工夫や心構え、熱意などについて述べました。それぞれの実践は最後には目的を達成したものが多いのですが、ふだんは語られることがない失敗や試行錯誤こそが、読者の皆さんの抱える悩み、課題の解決に役立つと考えたからです。

自治体職員の視点から住民、議会・議員などとの関係について述べる

現場での実践の経験から、まちづくりを進めるうえで欠かせない住民、議会・議員との適切な対応、専門家、ＮＰＯ、企業、関連の行政機関、メディアの役割などについて、より好ましいあり方

を示しています。とりわけ、自治の主人公である住民や議会・議員などとの関係については、従来の出版物にない（自治体のまちづくり職員としての）視点から述べ、まちづくりに携わる、あるいは、携わろうとしている人びとに具体的な手掛かりとなることをめざしています。

積み重ねてきた実践でまちづくりの理念を示す

著者は、まちづくりの実践での悩み、苦労や失敗などにもかかわらず取り組みを諦めませんでしたが、それには個々の実践を支える「まちづくりの理念」があったからです。

本書は、まちづくりの具体的な実践を主な内容としていますが、けっしてハウツーだけを述べるのではありません。まちづくりの理念についても読者の皆さんは著者の考え、思いを積み重ねてきた実践から感じていただけるはずです。また、最後の寄稿では著者が本書を著すにあたり、アドバイザーとしてお願いした有田智一、柳沢厚両先生に自治体のまちづくり職員の役割、鍛えるべき力や心構えなどについて寄稿していただきました。

全国のまちづくり職員に

わが国には大都市地域以外に圧倒的多数の基礎的自治体があります。また、まち・地域のありようは千差万別です。大都市東京の話など関係がない、と思われるまちづくり職員の方も少なくないでしょう。しかし、まちづくりの現場はそれぞれに異なり、工夫、試行錯誤が必要だからこそ、地域の違いを超えて通底することが少なくないと思います。

まちづくりの現場は刻々と変化しています。コロナ禍もその一つです。また、まちづくりの担い手も多様なＮＰＯや企業など、従来に増して広がりつつあります。さらに言えば、まちづくりのツールは、情報通信技術の飛躍的な進歩をはじめ、急激に変化・進化しています。そうした新たな状況に適応しながらも、住民にいちばん身近な自治体のまちづくり職員が、まち・地域の現場で人びとと誠意をもってじっくりと話し合うことは、まさにまちづくりの核心です。

本書を通じて基礎的自治体のまちづくり職員の役割がたいへん重要であること、それだけに創意工夫によって成果を上げられるやりがいのある愉しい仕事でもあることを感じ取っていただければと思います。

また、まちづくり職員の立場から住民や事業者、議員や専門家の方々への期待も随所で書かせていただきました。本書がまちづくり職員と関係者の協働の深化の一助となれば幸いです。

２０２４年６月

鳥山千尋

目次

第2章
日常の落とし穴　43

第3章
庁内のタテ・ヨコの悩みを乗り越える　61

第4章
「外の人びと」と力を合わせるには　85

第1章

参加・協働の現場で立ちすくむ

参加・協働のまちづくりをめざしての努力は、しばしば住民などの反対やみずからの非力に直面する。また、失敗、ハプニングに戸惑い、試行錯誤に悩むことが多い。参加・協働を良かれとして始めても、まさに現場で「立ちすくむ」のである。

1　プロジェクターの電球が切れてしまった

市区町村のまちづくり部門が、ある地区について協働のまちづくりを始めるとしよう。地区の住民や企業などを多くの人びとの協働によるまちづくりをめざす場合、その実質的なスタートは、住民説明会[注1]である。これをどう実《じつ》のあるものとできるかは、以降の取り組みに極めて大きな影響がある。

そうした住民説明会に際して職員が緊張するのは当然である。議会への説明をはじめ、種々の根回しは十分すぎるほど済ませたとしても、責任者である課長や現場のキャプテンとなる係長は、何かと思いめぐらすことがあり、緊張もあるせいで、前の晩にぐっすり寝るわけにはいかないほどだ。ここでは、参加と協働のまちづくりをめぐる本書のスタートとして、そうした住民説明会の準備や心構えについて大切なことを述べたい。

会場の下見を欠かさない――事前の準備の大切さ

説明会に際し、説明会の責任者が絶対に欠かしてならないのは会場の下見である。会場となる施設の管理者に挨拶し、会場固有の条件などを確認し、きめ細かに準備を進めることにつながる。

今はパソコンの活用が当たり前となっている。パワーポイントなどにより、カラフルで分かりやすい説明資料が比較的短時間に作成可能だ。作成者によっては一画面に事細かく多くの字数や図を盛り込んだりするが、参加者の理解を得るといったいちばん大切な目的からは、けっして好ましい資料とは言えない。

昔は説明会でスライド映写をよく用いた。筆者が係員だった頃、大失敗したことがある。説明会の当日、課長の開会の挨拶も済み、いざ筆者が担当するスライド映写となった瞬間、映写機の電球が切れてしまったのである。しかも替わりの電球の備えを忘れていたのである。参加者からため息とブーイングが上がったこと、厳しく先輩から叱られたことを思い出す。

今では資機材も格段に進化し、スライド映写機を使うことはないと思うが、パソコンとプロジェクターの接続がうまくいかないといったトラブルは少なくない。説明会の準備にはいつもその「事件」を思い出し、管理職となっても、筆者なりに資機材の準備をチェックする習慣がついた。

さて、説明会の当日は、時間に余裕をもって、学校の体育館や市民会館などの会場に到着し、椅子を並べ、マイク・スピーカーの調整、プロジェクターの設定、入り口やトイレ、受付などの案内表示、資料の配布、上履きや傘立ての用意など、じつにさまざまな準備とその最終的な確認がいる。これらの采配は実行部隊のリーダーである係長クラスの役割である。会場の準備が整い、一息つくと、すでに全戸に配布してある案内のチラシ（地区の「まちづくりニュース」の第1号ともなる）がうまくできているかどうか、職員それぞれが改めて気になる。たくさん参加者があると良いが……と思いめぐらすひと時だ。

ひととおり準備が整った段階で全職員のミーティング。課長から「頑張りましょう！」となる。

説明は長すぎないように──行政ばかりがしゃべってはいけない

説明会で肝心なことのもう一つは、行政サイドの説明とその後の参加者との質疑応答の時間的なバランスだ。まちづくりのテーマにもよるが、説明と質疑で2時間から2時間半として、筆者は、7：3では説明が多い、と考える。できれば、5：5くらいにできないか。

というのも、説明があまり長いと住民が倦んでしまい、会場の雰囲気が悪くなることが多いからだ。

まちづくりに関して職員の使う言葉（たとえば「用途地域」「容積率」、また「道路」と「通路」の違いなど）の多くが一般の住民にとってはなかなか分かりにくいし、まちの将来像をみんなでつくり、実現に向けて力を出し合いましょう、といってもただちにはピンとこない人がほとんどではないか。説明し尽そうとせず、基本的な事項に絞って説明した後の質疑応答を通じ、理解を深めてもらうのが得策ではないかと思う。

行政が作成し、会場で参加者全員に配布した資料もあるのだから、説明はコンパクトにして質疑応答を含め、説明会全体として理解を深めるように計らうのが好ましい。

もし、時間に余裕があれば、説明会を終了した後、会場をすぐ片付けず、いくつかのテーブルでの個々の参加者からの質疑や相談ごとへの対応に切り替え、できるかぎり丁寧に話し合うことにしたほうが良い。

説明会で手を挙げ、みんなの前で発言するにはかなりの勇気がいる。個別のやり取りなら話しやすいという人もたくさんいると思う。そうした参加者への配慮にもなる。これは当日だけでなく、ふだんの役所・役場のカウンターでの対応にも通じることだ。

むやみと批判的な住民もいる

ところで、筆者がこうした最初の説明会で困ったことの一つは、住民のなかに身近な市区町村の行政に対してむやみと批判的な人がいることだ。

「末端行政のやることはけしからんことが多い」と歴史を紐解いて大演説をする人、「俺は霞が関に親しい友人（官僚）がいる」と自慢話をする人、などさまざまだ。これからスタートしようというのに「まず億（円）単位の予算をつけてからにしろ」と主張する人もいる。いずれも説明会の趣旨にほど遠い発言である。

まちづくりの肝心なやり取りの時間がなくなってしまうリスクはあるが、ともかく話を聞いてみないと始まらない。いずれ住民との真摯な話し合いを重ねるうちにそうしたエライ人の出番が少なくなっていくのは当然である。

わが国では、まち・地域の人びとにとってより安全で住みやすい、魅力のあるまちをつくろうと、市区町村が協働を呼びかける、といった経験がまだまだ浅い。残念ではあるが、最初の説明会で行政に批判的な演説をぶつける人に多くの参加者が拍手を送る、ということもむしろ自然なのかもしれない。

説明会ではハプニングはつきもの——力を合わせよう

以上、地区のまちづくりをスタートさせる最初の住民説明会に際しての心構えなどについて述べた。これは1回だけの説明会でなく、場合によっては数年にわたってまちづくりを検討する「まちづくり協議会[注2]」をつくる場合の、協議会の委員＝メンバー募集の最初の呼びかけを念頭に置いている。もっと日常的に、たとえば、公共施設を整備あるいは改修する、廃止する、などの際などにも共通する取り組みだろう。

しかし、住民の参加・協働によるまちづくりには多様な進め方がある。「まちづくり協議会」方式を採用しない場合、たとえば、まちづくりのテーマや時間的な制約によっては、住民等に広く呼びかけ、いわゆる「素案」「タタキ台」を示しての説明会を繰り返し、修正を加えつつ合意を形成しようとする方法——筆者は「説明会方式」と呼んでいる——もその一つだ。
いずれにせよ、住民説明会には思いがけない展開やトラブルがあったりする。そうした「ハプニング」はつきもの、となるべく冷静に受け止め、職員みんなの力を合わせ乗り切ろう。

2 無茶なことを言う住民もいる

本書ではまち・地域に関わる多様な主体（ステークホルダー）と自治体のまちづくりに携わる職員（まちづくり職員）とのやり取りをさまざまに述べている。そこに住む住民は、憲法や地方自治法を引くまでもなく、ステークホルダーの最たるものである。自治の主人公は住民である、とも言えよう。

一方、住民による選挙で選ばれる自治体の首長のもとで、行政の実務を担うのは多くの職員（地方公務員）である。さらに、こうした首長のイニシアティブによる行政をチェックし、あるいは新たな行政の方向を提案したりするのは、まずふつうは住民の投票によって選ばれる議員であり、議員により構成される地方議会である。

以上のような大雑把な構図を考えると、まちづくり職員は、選挙公約などで明らかにされ、信任を得た首長の施策方針に沿い、議会・議員の意思をふまえつつ一生懸命に働くことが義務づけられている。

住民にも主人公としての意識・行動が求められる

一方、自治の主人公たる住民にも主人公としての意識・行動が求められるのではないか。住民説明会での困った人びとについては、いくつか「プロジェクターの電球が……」で述べた。

筆者が直接関わったわけではないが、これはひどい、と絶句せざるを得ないような住民のふるまいもある。あくまで報道が事実とすれば、であるが、たとえば、都内M区での児童福祉施設の建設に反対する人びとの区の説明会における意見——当該地は、リッチな人びとが住む一等地。子どもをめぐるトラブルを抱える住民が相談に訪れるような土地柄ではない、施設の建設によって地価が下がる、など——は、自治の主人公としてあまりに情けない気がする。[注3]

実際に筆者が携わった仕事のなかで、自治の主人公たる住民との対応でこれはおかしいと感じたことはしばしばある。以下はその一つである。

企業グラウンドの住宅地への転換計画が浮上

区内のある大手不動産会社所有のグラウンドの住宅市街地への土地利用転換と、それに対する筆者ら区の対応に関することである。もう十数年前のことだ。

区では広々としたグラウンドは一民間企業の所有地ではあるが、公園・緑地などに準ずるオープンスペースとしての機能を備えており、できれば、そのままの形で保有を続けてほしいとの意向を示しつつ、区の内部では財政部門を中心に買い取りが可能かどうかの検討を行った。しかしながら、当時、区の財政はたいへん厳しく、時価で数百億円にのぼるであろうグラウンドを購入することは困難である、との状況であった。

かたや所有企業はわが国でも最大手の不動産会社であったが、当初から、質の高い、いわば、企業のポリシーを示すモデルとなるような住宅市街地開発をめざしたい、区に売却することはできない、との意思を明確に打ち出してきた。

区議会では、企業の方針と区の対応に反対する意見があったが、やむなしとする意見が大勢を占めた。

こうしたなか、筆者ら区のまちづくり部門は、できるかぎり周辺市街地の環境を保全・向上させるような土地利用の転換を基本に、所有企業と折衝することとした。たとえば、計画建物のボリューム、高さ、避難場所の確保など防災上の配慮、計画敷地外周にあるケヤキ並木の維持、クヌギ林や斜面緑地の保全とさらなる緑化、加えて昭和初期モダニズム様式のクラブハウスの保全活用、等々を求めたのである。この間、とくに土地区画整理事業の施行に伴う、用途地域（建物のボリューム に直結する建蔽率、容積率の緩和など）の改定については東京都が決定権限をもっていたので、周辺の状況や前例等をふまえた区の意向を伝え、調整を重ねた。

さすがに最大手企業の旗艦的事業をうたうだけに、土地区画整理事業の施行、都市計画道路部分の整備と区への無償譲渡といったみずからの提案も含め、ほとんどの区の要求に合致した計画内容を提示してきた。

地元住民との話し合い――無茶な発言も

それでも区の対応についての住民説明会では、なぜ区が公園として買収しないのか、との意見を中心に「グラウンドをつぶすこと」をやむなしとする区の対応方針に反対する意見が多数を占めた。当然と言えば当然であるが、雰囲気はまさに説明会の責任者である筆者をはじめ、区の職員の吊し上げである。

筆者は覚悟を決め、まず、基本的な区の考えに関する説明会を2日間（週日の夜と土曜日の午後）連続して開催するなど、徹底的に話し合うことにした。

その後も計画案がしだいに具体化する節目節目に同様な説明会を折にふれ、幾度となく開催したのをはじめ、反対住民の代表格の人びとからの申し入れによる話し合いも含め、繰り返し区の方針への理解を求めた。

説明会では、ある反対住民から筆者が定年退職したら開発者である大手不動産会社に入るのだろう、といった無茶苦茶な推測が堂々と披歴されたし、反対住民の開設したウェブサイトでは筆者のことを「都の言いなりになっている悪代官」と評された。あまりに心無いことである。

以上いささか長くなったが、この事案の経過のほんの一部を示したにすぎない。付言すると、区の都市計画審議会では、おおかたの委員の賛同により、用途地域などの変更への同意が得られたものの、強く反対する委員もいて、その溝は埋めがたいものであった。

住民、職員それぞれがしっかりする

住民の気持ちはよく理解できる。区の職員の一人である筆者自身、区がこの企業グラウンドを買収するなどして、みどり豊かなオープンスペースとして末永く残せたらとずいぶん考え、区の財政部門とも話し合った。

ただ、このケースでは区の財政の隘路もあるが、何より所有者が当初から「区には売らない」

企業グラウンドの住宅市街地への転換後の状況（2024 年 4 月）
集合住宅地区を南北に貫く都市計画道路（幅 16 m）は、事業者によって整備され、区に無償譲渡された。建物の高さは地区計画で 20 m 以下に制限されている。

と明言しているのだ。その辺りを住民には冷静に判断してほしいと思ったことも事実である。

時が経ち、今では土地利用転換が完了し、多くの人びとが住まうみどり豊かな住宅市街地が息づいている。

類似の話を聞くにつけ、自治体職員の努力はどうだったのか、より良いまちづくりに向けた検討や誠意を尽くしたのか、が気になる。もちろんこれまでの筆者の携わった仕事のなかで、もっと頑張れたのではなかったたか、と自問することもある。

また一方で、こうも考える。繰り返しになるが、住民は自治の主人公であるが、それにふさわしい言動が求められるのではないか。

企業グラウンドの住宅市街地への転換後の状況（2024 年 4 月）
従前からあったケヤキ並木や大きなヒマラヤスギなどは残している。周辺の人びとも散策を楽しんでいる。

3　協働のテーマを間違えた

まちづくりは、住民をはじめ、多様な関係者の参加・協働によって進めることが欠かせない。しかし、たとえば行政が住民などの参加を呼びかけて協働の場をつくり、住民を交えて話し合えばなんでもOKということではない。最もだいじなのは、行政が話し合いの場を設けるにあたってその目的をしっかり定め、それを住民などによく説明し、十分な理解を得て、かつ、ふさわしい住民参加の方法[注4]でスタートさせることである。

テーマがあいまいなまま話し合いをスタート

ところがテーマを十分理解しない職員が住民参加を旗印に地元に入って大きなトラブルになったことがある。区の西部のM地区に10年近くかけてようやく幅8メートルの道路の用地を取得し、その一部（延長30メートルほどの傾斜のある区間）をどういった形にするかを住民に諮る、というケースであった。筆者が担当部長に就任した年のことである。

前任の部長からの引き継ぎでは「担当のG課長を中心に検討している最中である。住民に呼びかけ、半年くらいをメドに話し合って結論をまとめつつある」とのことであった。

その新設道路については、地区のまちづくりの20年ほどの経過のなかで、①クルマは1車線一方通行とする、②車道の線形や停車スペースなどの工夫をすることにより、クルマは遠慮しながら通る、③できるだけみどりの多い余裕のある歩行空間を備えた道路（いわゆるコミュニティ道路）に仕立てる、との基本的な方針が地区計画で定まっていた。筆者はてっきりその方針のもとに住民と話し合いを進めているとばかり思いこんでいた。

そんな既定の計画をG課長がどう理解したかは分からない。が、後で考えると、フリーハンドで、つまり、クルマをいっさい通さない、といった選択肢も含めて住民との話し合いに入ってしまったのである。しかも、参加メンバーを公募し、課題について話し合いを重ね、解決策をまとめあげるという協議会方式[注5]を採用したのである。

こうした場合、ふつうは住民との話し合いの前に行政内部で、既定の方針の変更がありうること、さらに、協議会方式を採用するなど基本的な事項についてトップや関係部門の了解を得ることが必要である。あわせて、長い間まちづくりに積極的に関わってきた地元の関係者に話を通しておくことは欠かせない。

G課長は仕事にまじめにコツコツ取り組むタイプではあるが、それらをなぜか怠っていたから大変である。

住民間の鋭い対立が噴出

協議会でのコンサルタントを交えた話し合いで、最近、建設されたマンションに移り住んできた住民は、既定の計画への理解はさておき、[注6]クルマをいっさい通さないように、と主張。これに対し、もともと住んでいた住民は、それは違う、消防車などがいざというときに入れないのは困る、そのために何年にも及ぶ計画づくりに取り組んだし、多くの地権者の理解も得られたのだ、と主張。住民間の鋭い対立ばかりが数か月続いたという。

まったく折り合いようのない混乱のなか、課長は多数決に踏み切り、協議会としての結論は、クルマをいっさい通さない道路にする、とまとめてしまった。

これを伝えられた区の土木部門からは、既定の方針と反することを勝手に決めるのはまずい、これでは協力できない、とのアピールがあり、区の内部でも大きな問題となった。地区のまちづくりに長い間関わってきた住民からは役所は何をやっている、との強い批判も出た。事実、住民との話し合いの最中にマンションで火災が発生し、消防当局からは消防車が入れるようにしてほしい、との意見も区に提出された。

思い切った方針変更

ことを重く見たトップもG課長を異動させるなど、住民対応を思い切って変更することとした。

筆者は、担当部長に就任した後、G課長に突っ込んだ聴き取りを行わなかった不明を恥じつつも、後任のK課長と土木部門の課長、職員とともに、みずから現地に赴き、説明会を何回か行うこととし、トップの了解を得た。そして「クルマをいっさい通さない」という協議会のまとめを覆し、既定のまちづくりの方針に戻る形で決着を図った。

改めて説明会を開くというチラシを地区内の全戸に配布すると、区役所のK課長席に怒鳴り込んできた住民もいた。もっともと言えばもっともである。K課長はよく踏ん張ったと思う。

M 地区の地区計画道路
争点となった部分の完成後の状況
自動車が歩行者や自転車に遠慮しつつ通行する落ち着いた道となっている。

協働のテーマは最初にはっきりさせる

説明会では、いったん決まった協議会のまとめに賛同する新しいマンションの住民などからは筆者らへ厳しい発言が相次いだ。一方で区の姿勢に改めて納得し賛意を表する古くから住民の声も聞くことができた。

G課長を事実上更迭したことなど含め、この道路に関する半年（参加の呼びかけを含めると1年近く）に及ぶ協議会方式での「住民参加」の「後始末」としてはたいへん後味の悪い出来事であった。それでも、この地区のまちづくりについての区への信頼が根底から失われることだけは何とか避けられたように思う。

協働のテーマをしっかり定めることを抜きにして、関係者との話し合いを重ねれば何とか結論が出るだろう、という安易な考えを戒める事例である。

M地区の地区計画道路
争点となった部分以外の状況
（2023年12月）
この部分は、説明会のときには、すでにコミュニティ道路としての整備が先行していた。

参加・協働の実質がいっそう問われるケース

ところで、第7章などで述べる都市計画マスタープラン（都市マス）のような自治体運営の基幹となる構想や計画は、策定にあたって議会での審議を経ることが必要である。また、今日では、そうした計画の策定過程での住民の参加・協働も、たとえば市民委員会の設置、地区別の話し合い、アンケート調査、パブリックコメントなどいろいろな方法が工夫されている。

そうした基幹的な計画に盛り込まれた公共施設の建設については、まず議会がチェックをするのが基本である。このため、予算、決算の審議をはじめ、各種の委員会での議論などが幾重にも担保されている。

しかし、M地区の生活レベルの道路に関する具体的な方向づけというようなテーマは、議会での正面からの議論になかなか馴染みにくい。当該地区の事情に詳しくない議員は、具体の議論に入りにくいし、ヘタに動けば住民の反感を被る――選挙を背負う議員が最も恐れる――ことになるからである。

こうしたケースでは、議会としては、個々具体的な内容をチェックするというより、行政が住民との話し合いをしっかり行ったのかどうかを問題にするのがふつうである。つまり、具体的な内容は、地元の人びとの考えに委ねる、というのが議会のスタンスになろう。それだけにいっそう住民の参加・協働の実質が重みをもつのである。

地元の議員があきれるほどの引き戻し

このケースでは、住民間での鋭い意見の対立をしばしば傍聴していた地元の区議会議員に、いったん多数決で決まった「クルマを通させない」という案を覆し、既定のまちづくり計画に引き戻す区の考え（実際に動くのは筆者らであるが）について説明したのだが、「そんなことができるのか……」とあきれて言葉がない、といった感じであった。それほど荒っぽい、本来なら避けるべき方法である。

以上は、地区まちづくりにおける比較的小さな規模の道路整備をめぐる事例である。道路ばかりでなく、たとえば、ある土地に「児童向けの公園をつくるか、それとも集会施設とするか」と「集会施設はどのような機能や形、運営方法が良いか」とはまったく異なるテーマである。それをごっちゃにしては参加・協働のまちづくりはうまくいかない。くどいようであるが、行政は、住民などの参加と協働を図るというとき、テーマをまずしっかり定め、理解を得たうえで踏み出すのが極めてだいじだ、ということである。

4　まちづくりの現場はハプニングだらけ

ここでは、筆者が経験した事例のうち、二つをもとにまちづくりの現場から学ぶことの大切さについて述べたい。

助役のボディガードを命じられる

最初の事例は、筆者が杉並区の職員となって間もない（つまり、1975年）頃の出来事である。区の南部に位置する数ヘクタールの空地に、ある大手のディベロッパーが計画した高層住宅団地建設に関わる仕事があった。なんと助役のボディガードである。

この建設計画に周辺住民の多くが激しく反対し、現地周辺には反対の看板などがたくさん並べ立てられている状況であった。

ディベロッパーは事態の打開を図るため、地元住民への最初の説明会を開催することにした。建設予定地近くの寺（反対住民の拠り所ともなっていた）での説明会には区の助役も出席し、賛否の意見に耳を傾けることとなった。

区が建て主であるわけでないが、周辺住民の賛否両論を把握して、開発の是非を含め、適切な対応をしようとの考えである。[注7] そんな区の立ち位置に無責任ではないか、との厳しい意見も区議会などでは交わされていたと記憶する。

これに筆者らまちづくり担当部門の若手係員数名が助役のいわばボディガードとして急遽随行したのである。

説明会は、多数の反対住民に加え、保守系の都議会議員、区議会議員が幾人も出席し、どういうわけか賛成・反対に入り乱れ、紛糾するなかで終わった。参加者のなかに住民とは明らかに違う「その筋の」といった風情の人が数名見受けられたのも筆者には不可解であった。

区役所に帰ってエレベーターに乗ろうとしたとき、たまたま助役や係長と一緒になった。助役——当時の筆者ら係員にとっては「雲上人」である——が係長に筆者らのことを「敵か、味方か？」と小声で聞いているのである。これには思わず笑ってしまった。「味方」に決まっている。係員の頃、筆者はジーンズ、Tシャツといったラフなスタイルで仕事をしていた（周りの多くがそんな感じであった）し、「雲上人」が3千ほどいる職員を全部知っているというわけにいかないので仕方がない。めったにないボディガードという役割での笑い話だ。

いざというとき、的確な行動がとれたかどうか

しかし、肝心なのは、「揉める」説明会で何かコトが起こったとき、当時まだまだ勉強不足の筆者

や同僚に的確な行動がとれたかどうかである。

この日のボディガードは、急に決まったことだと思う。この職場は、たいへん風通しがよく、職員が担当する仕事の内容をよく知らない、といったことはまずなかった。

ところがこの日だけは事前の打ち合わせやレクチュアを抜きに、とにかく助役に何かあったら困る、と上司が了解し、その場で派遣が決まった仕事に違いない。本来なら、事前に短い時間であっても打ち合わせを行い、たとえば、現場でのいざというときの安全確保や必要な連絡先のリスト、それぞれの担当など、ひととおりの役割や咄嗟《とっさ》の対応について共有しておくべきではないか。筆者ら係員の勉強不足とそれをカバーするべき職場の情報共有、さらに役割分担と協力、連携のあり方など、一時のこととはいえ、さまざまな不備を今でも思い起こす。

反対派がハンドマイクを持ち込み、勝手に使い出す

二つめは、新任の頃とは違って、筆者が管理職となってからの「揉める」説明会での話である。

筆者らがある民間企業の開発計画への区の対応についての説明会を区立中学校の体育館で行ったときのことだ。百名ほど参加者がいただろうか。反対住民がいきなりハンドマイクを取り出し、大音量で反対演説を始めたのである。筆者ら区の管理職数人が参加者を前に質疑応答をしている最中である。反対住民のこの行動には驚き、あきれた。

そもそもハンドマイクの持ち込みをなぜ受付で看過したのだろう。まちづくり部門に着任して間もない係長が、会場の入り口で何人かの係員と受付を担当していたのだが、その段階でハンドマイクなどの持ち込みをチェックし、拒むことができなかったのだろうか。係長になるからには、いろいろな区の職場で経験を積んできたはずであるが、このような反対住民がたくさん集まるような機会には出会わなかったのであろう。まちづくりの現場では、しばしばあることなのだが……。

しかし、考えてみると、賛成反対の意見はともかく、筆者ら区の職員は説明会の開催にあたって住民の善意を前提にしている。受付に際して持ち物チェックなどはしないのが基本だ。したがって、ハンドマイクなどの機器を隠して持ち込もうとすれば容易にすり抜けることが可能である。また、たとえ受付でハンドマイクの持ち込みを見咎めたところで、ひと悶着は避けられなかったであろう。区側の責任者である筆者は「これは区が主催する説明会。勝手に自分たちの主張を述べるのはやめてほしい」と強く抗議するとともに、係長はじめ数名の係員にハンドマイクを取り上げるよう指示した。

まったく苦々しいハプニングだが、こうした経験を教訓に、筆者自身や係長も次回はずっとうまく対応できるようになると思う。一方で、筆者は、以上のような経験、現場での「学び」が住民と自治体行政との間にいっそう高い垣根を築きかねないこと、具体的には、受付での厳しい持ち物チェックや氏名、住所の記載要求などにつながるのを危惧する。説明会に参加する住民にもその辺りはよく考えてもらえたらと願う。

仕事の勘所《かんどころ》を職場で共有しよう

二つの事例を見るまでもなく、まちづくりの現場では反対住民が行政の職員を厳しく追及するといった「揉める」場面はけっして珍しくない。そこで、現場のトラブル処理には「肝っ玉」といったものが欠かせないという古手の職員もいる。

急な出来事に右往左往しない「肝っ玉」もだいじであるが、それには心構えだけでは十分ではない。以上の事例では、公務とは何か、公開の説明会の運営の原則、公共の会議の傍聴規則など、関連するルールの勘所を職場で共有し、力を合わせて実際に活かせるかどうか、が試されるのだ。また、そんな学びと実践の根底にあるべきは、民主主義[注8]への信頼と健全な市民感覚、そして参加と協働のまちづくりへの思い入れではなかろうか。

まちづくりの現場で学び、工夫を凝らす

いずれにせよ、二つの事例は、自治体職員が地元説明会などにあたる際に必要なことは何かを示している。それらは、説明会をスタートするときに、携帯電話のスイッチをオフにしてほしいとか、録音や写真撮影をすることについて参加者に説明し、了解を得ることと同じく、実際にはとてもだ

いじなことである。こうしたことはまず学校では教えてくれない。まちづくりの現場で学び、さらに工夫を凝らすしかない。[注9]

5 住民に助けられた

本書ではまず職員がしっかりしないといけない、との趣旨から職員の好ましい心・技のありようを示そうと考えた。あわせて、住民に職員への偏見・予断などがあるとすれば、本書が、それを払拭し、自治の主人公としての役割をいっそう適切に果たしてもらうための一助になれば、とも願う。そこで、少し長くなるが、筆者が住民に助けられた、本当に助かった、という経験を述べたい。

工場跡地の取得の機会がめぐってきた

多くの地区住民に呼びかけ開催した説明会の記憶である。今では人びとの暮らしの場、憩いの場となっている工場跡地——区の北西部にあった日産自動車荻窪事業所（面積約9ヘクタール）[注10]——の土地利用転換での話である。

青梅街道に面するこの事業所は、戦前は戦闘機・隼やゼロ戦のエンジンを製作した中島飛行機の工場、戦後はプリンス自動車などを経て日産の宇宙開発の拠点として機能してきた。そんなわが国の機械産業の現代史に残るような用地が、１９９８年にC・ゴーン氏による日産の経営立て直しのため売却されることとなったのである（図1）。

この機会をとらえ、区と区議会は一致して当該の事業所をかねてこの地域の課題であった防災機能を備えるみどりのオープンスペースとする方針を決定、日産をはじめ、国・都などに働きかけを行うこととした。

しかし、当時の不況のもとで区の財政状況は極めて厳しく、工場跡地を「３００坪（約千平方メートル）すら買うことはできない」と区の内部では噂される状況であった。そうしたなか、国が新たに設けた制度、すなわち、ＵＲ（都市再生機構。当時、都市基盤整備公団）がいったん工場跡地全体を買い取り、防災公園と集合住宅を軸とする土地利用転換を図ったうえ、ＵＲが改めて長期の割賦で区に譲渡する「防災公園街区整備事業[注11]」の適用が

図１　日産自動車荻窪事業所の航空写真（1997 年）
（提供：杉並区（筆者が一部加筆））

欠かせないと考えられた。

都市計画課長だった筆者は区のトップの意向を受け、企画課長、公園課長とタッグを組んでこの制度を用いたプロジェクトを進めることとなった。

プロジェクトに厳しい時限的な枠が

そうした区の考えも周辺住民の理解・協力が得られないことには進まない。日産側の売却を急ぐ理由は十分理解でき、また、防災公園街区整備事業は、1999年12月に成立した国の補正予算の性格上、翌年度のうちに基本計画をまとめて国による事業の採択を受ける、という切羽詰まった状況であった。

図２　桃井三丁目地区防災公園街区整備事業の現況図
桃井原っぱ公園、保育園・子育て施設、老健施設が整備された。また、高層集合住宅３地区が桃井原っぱ公園に隣接して建設されている。周辺に消防署、警察署、総合病院などがある。（URの事業パンフレットをもとに筆者が一部加筆）

そこで、区は２０００年４月早々にＵＲとの協議を開始、消防、警察、日産以外の主要な地権者、町会関係者などとの調整をふまえ、複数の跡地利用の全体構想案をつくり、周辺住民に説明することとした。できるかぎり早い時期に区の基本的な方針と跡地利用の全体構想、さらに今後の進め方について理解を得ようと考えたのである（図２）。以降、説明会は基本的にＵＲと共同で開催することとなった。会場は、用地の近くにある区立小学校の体育館である。

本来、こうした区や区民にとって大きな用地をめぐる計画づくりでは、周辺住民に呼びかけ、まちづくり協議会を立ち上げるなどして、1〜2年をかけ、じっくりと時間をかけ検討するのがベストであろう。しかし、事業の時限的な枠組みからそうもいかない。筆者らはＵＲをはじめ関係者との折衝や計画づくりの検討、さらにはその後明らかとなった土壌汚染[注12]への対応などを含め、プロジェクトの進捗やそれをめぐる状況の推移に伴って住民への説明会を何回も行う説明会方式（もちろん説明会での意見をできるかぎり計画に反

工場跡地にできた桃井原っぱ公園
（2023 年 10 月）

映させる）での参加・協働のまちづくりをめざしたのである。

第1回の説明会は、百数十名の住民が来場し、盛況であった。そして、区の跡地利用の基本的な方針と全体構想に多くの参加者が理解を示してくれたように感じられた。工場跡地のすべてが公園にならないのは残念だが、周辺に大きなオープンスペースがないなかで、半分弱（4ヘクタール）のみどり豊かな防災公園ができるのは好ましいことだ、そのほかは今後、注文をつければ良い、との受け止めであろう。

筆者ら区とURの担当者はひとまず安堵し、複数の全体構想案のなかで最も好ましいと住民に表明した全体計画を具体化しよう、と、気持ちを新たにした。

説明会が険悪な雰囲気に

最初の説明会から数か月経った3回目の説明会だったろうか。百名以上もの住民の参加があったと記憶する。筆者らの説明が終わるとすぐ、近くの集合住宅の住民から、西側の道路はクルマが増え危険になる、公園は迷惑施設だ、など、否定的な意見が次々と出された。[注13]
そういえば、第2回の説明会にも百名ほどの住民の参加があったが、プロジェクトのマイナス面ばかりを指摘する住民グループがたびたび発言して会場の雰囲気がぎくしゃくする兆しはあったのだ。

第3回では、さすがにそうした意見に拍手こそ出なかったものの、会場の雰囲気が非常に険悪になった。いわば、筆者ら区の職員のちょっとした吊し上げである。筆者らは、今回の説明会で、これまで説明してきた区の基本的な方針をベースに、より具体的な話に進みたいと考えたのであるが、それはとても無理のように思われた。しかも、日産の用地売却意向や国の補正予算との関係から、区のプロジェクトの取りまとめが時間切れ、つまり、先行きがまったく見えなくなってしまう。筆者らの困惑はとても大きくなった。

住民の勇気ある発言が流れを変える

そのとき、一人の住民が手を挙げた。そして、「そういう言い方はどうか。区も悪いことをしようとしているのではない。長年の課題に取り組もうとしているではないか」との趣旨をはっきり発言してくれた。発言したのは、筆

住民説明会で疑問が出た事業地区（日産自動車荻窪事業所跡地）の西側の道路・事業後の状況
自動車は青梅街道から北への一方通行。重量車は規制されている。緑豊かな道になっている。右側が跡地（2023年11月）。

者ら職員には面識のない住民であったが、彼にとってはかなり勇気のいることだったと思う。この意見に大きな拍手が起こった。

まさに、これが説明会の基調となるべき区（そしてUR[注14]）の姿勢への理解の分岐点になった。筆者ら説明者にとっては想定外の出来事であったが、これ以降、区が何回も説明会を開催するなかで、区の方針や説明会を繰り返しながら徐々に計画を練り上げようとする姿勢に理解を示す住民が明らかに増えていった。

そもそも小学校の体育館など大きめの会場における行政の説明会で、まちづくりの主人公であるとはいえ、住民が手を挙げ、質問したり意見を述べたりするのはかなり勇気がいる。ましてや他の複数の住民の意見に一人異論を表明するのにはたいへんな気力がいるのではないか。筆者はこの勇気ある発言に助けられたと深く感謝している。

第2章 日常の落とし穴

この章では、まちづくりに関わるさまざまな主体（ステークホルダー）との行政との関係をしっかりつなぐ、あるいは仕事の質をさらに高めるためのさまざまな努力について考える。

1　まちづくりニュースの配布を業者に任せるのはもったいない

今では、地区レベルで協働のまちづくりを進めるため、行政のまちづくり部門が「まちづくりニュース」を地区の全戸に配布するのがかなり一般的となっている。

自治体の公式な刊行物である広報誌（『広報〇〇』と自治体名をひらがなで記したものが多い）は、自治体の住民すべてを対象とし、全戸へ配ることを前提につくられる。したがって、個々の地区に関する事柄はどうしても二の次にならざるを得ない。

それと比べ、まちづくりニュースは、まちづくりに取り組む地区を対象に、きめ細かな内容を盛り込み、タイムリーに発行することが可能である。

まちづくりニュースが伝えるべきものは意外と幅広い。ことにまちづくりの取り組みの初期には、地区のまちづくりの必要性や課題、アンケート調査などによる住民の考えが掲載されることが多い。

協働のまちづくりの核心である「まちの将来像」についての複数案とそれぞれの長所、短所などが示され、まちづくりの大きな方向について人びとの意思を問うこともある。また、事業がスタートしてからは、その進捗状況が逐次明らかにされるであろう。

まちづくりニュースには、文章はもちろん欠かせないが、イラストや写真をうまく使い、まちの歴史やまちの話題などを親しみやすく伝えることも可能である。文字どおりまちづくりへの関心や理解を広げ、地区の住民が行政に意見を出しやすくするなど、まちの主人公である住民をはじめ、多くの関係者と行政とをつなぐ貴重なミニ・メディアである。自治体のホームページの活用ももちろん欠かせないが、パソコン（PC）を使用しない人びとはまだ多い。また、まちの広がりとPCやスマホの画面サイズがマッチしにくいとの指摘にも留意する必要があろう。

課長、係長は事前にしっかり目を通す

自治体のまちづくり部門がまちづくりニュースをつくる際、最も大切なのは、自治体の広報が首長の施策方針に直結する――つまりトップマネジメントの一つである――のと同様、事実関係に誤りのないことに加え、自治体の姿勢がにじみ出るような紙面である。

まちづくりニュースの原稿は、係員がつくるとしても、印刷前には必ず課長、係長が誤字脱字はもとより、内容をしっかりチェックすることが欠かせない。そうした過程で、まちづくり協議会などを軸にした協働のまちづくりを改めて議論し、意思統一が図られるからだ。課長、係長がろくに原稿をチェックせずに「良きに計らえ」では後々、大きなトラブルが避けられない。

今ではパソコンを利用し、ずっと速く図面などが描けるようになった。40年前、まちづくりニュースを初めて作った頃（昭和50年代後半……まだ「青コピー」時代である）は、そうもいかず、ほとんどが

職員による写真や手書きの絵・図と印刷業者の写植などに頼っていた。

同じ頃、他の自治体のまちづくりニュースのなかには、まちづくり協議会のメンバーである住民みずからが原稿や写真を持ち寄り、編集したものがあった。現場の感覚に溢れた素晴らしい「作品」である。

最近の行政職員がつくるケースでは、パソコンを多用するからか、小ぎれいだが、まちづくりの熱い心が伝わってくるとは言いがたいものも見受ける。とにかく字や図がやたらと細かい。

筆者の好みもあるが、絵や図による表現では、たとえば、あいまいな部分は正直にあいまいなま表現する、といった点がやや弱いのではないかと感じる。また、情報量が多すぎて消化不良を起こすのではないかというようなものもある。もっと読み手の立場を考え、新しい機器を活用してほしい。

配布しながらまちをよく見る、知る

1981年当時、杉並区では、蚕糸試験場と気象研究所の筑波への移転後の跡地と周辺のまちづくりに取り組んだのだが、ニュースの発行（というより、参加・協働のまちづくりそのもの）が一般的でなかったこともあり、予算措置も十分とは言えなかった。まちづくりの進捗に応じ、多いときには毎月のように特定の地区にニュースを発行・配布したことも前例のないことであった。そこで、係長が予算のやりくりに改めて財政当局にお伺いを立てるのもしばしばであった。印刷を業者に発注するのがせいぜいで、配布を専門の業者に任せる費用はなかった。そこで、職員が手分けして全戸に配り歩く、ということになった。

それでも、何回か経験するうち、職員が直接配布するメリットに気がつくようになった。つまり、まちづくりニュースを全戸にみずから配布することで、地区の様子をつぶさに知ることができる、という副次的収穫がとても大きいのだ。

配布に要するマンパワーであるが、たとえば、都内の木造密集地区の千世帯程度に配布するとして、3〜4人の職員が手分けをすれば2時間程度あれば何とかなるという実感がある。区のJR中央線K駅にほど近い木造密集地区を対象に配布した経験——戸建て住宅はもちろん、木造アパートの郵便受けすべてに一部ずつ入れていく——からである。

ハプニングもあった。ある日の午後の配布である。筆者が警察官に捕まってしまったのである。職務質

Tシャツの絵柄「まちをよく知る」
建築課の違反建築取り締まり担当職員へ筆者がプリントして配布した（1998年頃）。

問に引っかかったのだ。筆者は、区の職員であること、仕事でまちづくりのニュースを地区の全戸に配っている最中であることなどを何回も説明し、身分証明書も提示したのだが、相手は納得しない。区役所に電話をしたり、なんやかやと30分くらい路上に留め置かれたのち、ようやく別の街区に配布していた職員が合流するなどして「無罪放免」された。近くのアパートに住む看護師が殺された、との事情は後で分かった。[注1]

まちづくりニュースは、まち歩きの格好のツール

以上のような「リスク」はあるが、筆者は、やはりまちづくりニュースを職員みずからが配布することにこだわりたい。

ふだんからまちの様子に気をつけ、機会を見てはまちの人びとと話す、というのが住民に最も身近な自治体職員の仕事の基礎であり、特権でもある。まちをよく知ろうとしなければ、参加・協働のまちづくりは空疎なものになりかねない。

ときに、現地を見よう、と、日程を定め、まちを歩くことは可能であるし、意義のあることに間違いはない。しかし、はっきりと目的意識をもってまちを見る、歩く、といったことでないと、そうしたまち歩きはサラッと表面をなぞるだけに終わってしまうだろう。

まちづくりニュースは、現場歩きの格好のツールとなる。まちの隅々に立ち入り、それまで知る

ことのなかった場所を見ることができるのである。ときには手持ちのまちづくりニュースをネタに住民とも親しく語り、まちづくりへの評価や注文を聞くチャンスもある。次号のアイデアが生まれることも期待できよう。

不動産の下見ではないが、雨の日にニュースを配り歩くと、晴れの日とはまちの様子がだいぶ違うことが分かる。そんなとき、K駅からそう遠くない建て詰まったアパートの裏手に数十坪のカボチャ畑を見つけて驚いたこともある。

腕章や名札を付け、配っていると、反対住民に文句をつけられたり、冷たくされることもある。そこはとりあえず我慢してできるだけ丁寧に対応しよう。行政への文句は、それ自体が貴重な意見であるし、将来、その反対住民とより良い関係になることを期待するからだ。

まちづくり職員がみずから配る

現在では、まちづくりニュースの関連予算が地区のまちづくりに必需の経費として認知され、印刷・配布はそれぞれ専門の業界に委託するのが当たり前、という自治体も多いと思う。また、ある地区のニュースが、まちづくりの立ち上げや賛成・反対で揉めるといった「急場」を過ぎ、いわば「巡航速度」になった段階で、年に2回程度の発行となるのもやむを得ない。

どこの自治体でも職員数が厳しく削減され、まちづくり部門も手が足りないということがあるかもしれない。それでもまちづくりニュースの配布にはたくさんのメリットがある。したがって、3回に1回、2回のうち1回くらいは職員がみずから配り歩いてほしい。まちづくりに関係のない配布業者に任せるのはもったいないではないか。

2 関係者との意思疎通を忘れない

まちづくりを進めるためには、ソフト・ハードを問わず、関連する多くの主体の理解・協力が不可欠である。現にまちに住む、まちで営む、などまちに関わる多くの主体の利害を調整し、できるかぎりみんなが好ましいと考えるまちの姿を描き、共有し、力を合わせてそれに近づけようとするのがまちづくりである。[注2]

そこで、自治体のまちづくり職員は、まちづくりを少しでもスムーズに進めるため、適時に広報誌や地区のまちづくりニュースなどを通じて情報を広く伝えるとともに、さまざまな局面で関係者との意思疎通を図ることが求められる。

しかしながら、そうした「必要がある」「べきだ」はそのとおりとしても、問題は、実際にどう実践していくか、である。たとえば、目的のブレ・ズレとあわせ、行政の内外で関係者との意思疎通が不十分であれば、大きな混乱を招くのは必至である。以下に、まちづくりをめぐる多くの関係者との意思疎通の意義と、それをどう進めるかについて筆者のささやかな工夫――ポケット手帳を活用したうっかりミスの防止について述べたいと思う。

丁寧な意思疎通を欠かさない

筆者が課長に就任してから間もない頃、ある地区のまちづくりをスタートさせるにあたって、主要な地権者の一人への事前の挨拶を怠り、慌てて謝りに訪ねたことがある。幸い、その地権者は鷹揚な方で理解も早かった。親しい住民から話はうすうす聞いていたのだろう。「ようやく行政の担当者が説明に来たか」という感じで受け止めてくれた。それでもこれは大きな失敗に通じかねない出来事と言ってよい。

そうした失敗を反省し、年の初めには真新しい手帳に欠かさず仕事のチェックポイントを記していた。

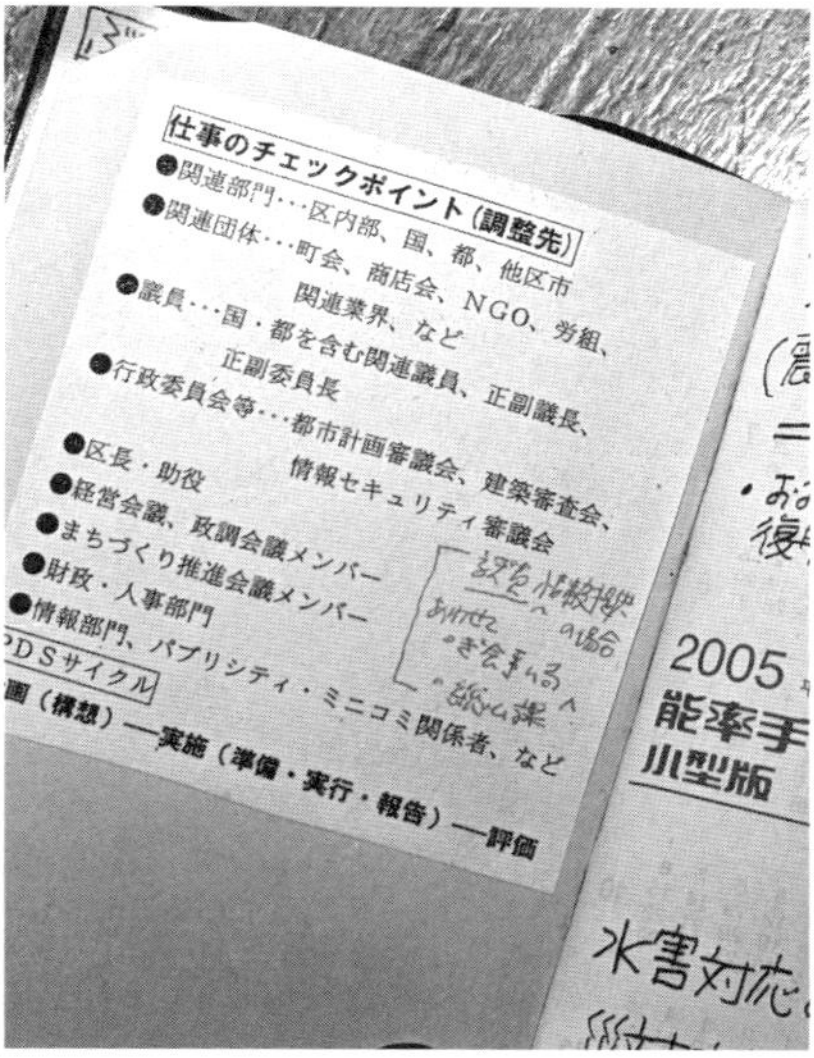

ポケット手帳に記したまちづくりの関係先（2005年版）
災害対策での役割を隣のページに記す。

本書の執筆を進めるなかで、使用していたある年のポケット手帳（２００５年版、つまり、筆者の現役時代）を取り出してみた。黒い表紙を開くと裏に筆者の住所・連絡先などが記入され、さらに１枚めくると、「仕事のチェックポイント（調整先）」が記されている。

筆者自身がパソコンで作り、コピーを貼りつけた内容は以下のとおりである。

①関連部門（区内部、国、都、他区）、②関連団体（町会、商店会、ＮＧＯ、職員団体、関連福祉団体、教育団体など）から、③パブリシティ、マスコミなどと続き、関連業界、都市計画審議会、情報セキュリティ審議会、まちづくり推進会議[注3]に至るまでいくつかの事項が記載されている。

区の意思決定の過程で当時必要な手続きや議会の委員会などを記してあるが、具体の氏名などは割愛している。ワイシャツのポケットに収まる手帳の大きさに見合った分量の「手掛かり」をいつも置きたいとの理由と、当時はいつも複数のプロジェクトに取り組んでいたので、記載はごくシンプルである。

いちばん住民に身近な自治体のまちづくり職員（この時は部長職）として欠かせない意思疎通の相手と主要なプロセスを略記しただけのものである。それでもこの手帳の記載は、筆者にとってはたいへんだいじな備忘メモである。これを通勤電車のなかで折にふれ眺めた。

タイムリーな意思疎通を

まちづくりは、その計画づくりから、ほぼ所期の目的をほぼ達成したと言われるまで、10年、20年と長い期間がかかるのが珍しくない。変化し続ける世の中で、住民をはじめ、多くの関係者と自治体との信頼関係をつなぎ、深めるために欠かせないのがタイムリーな意思疎通である。

自治体のまちづくり職員、とりわけ、実行部隊のリーダーである課長、係長などが常に配慮し、場合によってはみずから担うべき役割である。

まちづくりの新たなスタートや従来のまちづくりの取り組みを大きく変えようとするときには、タイムリーな意思疎通はとくに重要である。まちづくりの取り組みをスムーズにするという理由がその第一である。また、協働のまちづくりを標榜する自治体のまちづくり職員としては、これまでにいろいろな局面でお世話になった、あるいは今後、お世話になるであろう関係者に「そんな事情は知らなかった」と言われるのは、いかにも心苦しい。

こうした意思疎通は、身内と言える行政内部でも欠かせないのはもちろんである。職場のミーティングを適時に行って担当者間の情報の共有を図り、イージーミスを防ぐ、有用な知恵を集める、などその効果は大きい。

ちなみに手帳のチェックリストに「職員団体」も記していた。住民との話し合いをやむなく夜間に行う機会が増えるため、労働組合に職員の超過勤務について筆者なりに説明しておきたい、との理由からである。理解が得られるかどうかは別にして、管理職として実情を率直に説明することがだいじだと思ったのである。

議会への対応を忘れない

行政のチェック役である議会への対応を忘れてはならない。第1章3節「協働のテーマを間違えた」でも述べたように、住民との話し合いをスタートさせるまでには、議会の所管委員会などで趣旨や進め方などを説明する必要がある。とくに、その地区選出とされる議員には、控え室に赴くなど、丁寧に説明し、まちづくりについての理解を深めてもらうことが欠かせない。

筆者の経験では、事前説明を議員が迷惑がったりしたケースはない。おそらく議員にとっては、①地区をめぐる行政の動きなどを的確に把握しておきたいこと、②そうした事前説明を通じ、地区の支持者からの問い合わせに手際の良い対応が可能となること、③さらに、いずれは行政サイドから地区のまちづくりに関する財政支出や条例改正などが議会に提案されるであろうが、それらに適切に対応したいこと、などの理由からだろう。

備忘メモは意外とクリエイティブ

以上のように、筆者の小さな手帳に記載したチェックリストの狙いは、まちづくりに関わる多くの人びととの意思疎通を忘れてはならない、との趣旨であった。

ところが、このチェックリストを眺めると、まちづくりを進めるうえでの課題やそれへの対処、新しいアイデアなどがふと思い浮かぶことがしばしばあった。そうした意味では、このチェックリストは、具体の氏名が入っていないだけに、かえって単なる「備忘」ではなく、極めてクリエイティブな取り組みの「手掛かり」とも言えるものであった。

スマートフォン、パソコンなどが進化・普及している今日では文字どおりもっとスマートで充実した手法があるはずである。すでにまちづくり職員のそれぞれが自分に合った工夫を実践しているかもしれない。「そんなのはとっくにやっている」であってほしい。

3　使ってはいけない言葉

筆者は、第4章1節「多様な専門家との協働を進めよう」で、「言葉狩り」に少しだけふれている。

筆者の経験を思い起こしても、職場での失敗は言葉遣いがいちばん多い。ずいぶん人を傷つけたと思う。一方、職場の同僚、住民や議員、さらにメディアのちょっとした表現などでも、ときにこれはまずい、とか、納得しがたい、と感じることがある。自治体職員として参加と協働のまちづくりを進めるうえで、使ってはいけない言葉がある。

「アメとムチ」

最たるものは、政府や自治体の施策について使われる「アメとムチ」という言葉である。メディアが解説しているなかにときに見受ける言葉だ。

「アメとムチ」は、誤った考えをもつ為政者、権力者の視点にほかならないと思う。本書でテーマの一つに挙げている「多様な業種・多様な人びととの協働を進めよう」に引きつけて言えば、たとえば、ＳＤＧｓに合致する業務を行っている事業者を入札参加資格や契約条件、さらには固定資産税などで優遇する一方、それに適わない事業者には、その程度に応じ、たとえば入札参加資格を厳しくするなどの新たな条件を設けることを指すのだろう。

しかしながら、住民はもとより、多様な業種の人びとを含む、地域・まちの人びとは、「アメ」や「ムチ」を「上から与えられる」存在ではない。

住民などとの地域・まちの将来像に関する話し合いのなかで、たとえば、建築制限の強化、一方で、それに合致する建物の工事費の一部を助成する施策の検討などの際、うっかり職員がそんな言葉を発したら、自治体のまちづくりの基本的な姿勢を疑われ、検討はとん挫するかもしれない。

職場仲間に厳しく指摘される

筆者が「アメとムチ」をけっして使わなくなったのは、自治体職員となってから何年か経ってからである。

きっかけは、筆者の勤務していた杉並区で筑波移転後の蚕糸試験場周辺地区の防災性向上を目的とする「蚕糸試験場周辺地区不燃化まちづくり」に携わったことが大きい。住民主体のまちづくり協議会の事務局を担う区の職員として、まちづくり計画をまとめるため駆けずり回ったのである。そうした住民と行政の（緊張感のある）フラットな関係のなかで、使ってはいけない言葉を先輩や仲間から教えられ、あるいは学ぶことができた。

若い頃はずいぶん無自覚に言葉を使っていた。

ある時、利用している区の施設の管理人が終了時間が間近になると何度も集まりを止めて館外に出るよう言うので、仲間に「（管理人は）気が違っているんじゃないか」と言ったことがある。ところがすぐ仲間の一人が「それは良くない。別な言い方があるだろう」といつになく厳しく筆者をたしなめたのだ。言われればそのとおりである。筆者が間違っていた。安易に相手の人格を否定するような言葉を発したことをおおいに反省した。

「食いつきが良い」……？

最近、ある自治体の生涯学習分野の仕事を手伝ったときのことだ。子どもたちを主な対象とする催しである。広報誌でのPRをはじめ、ホームページでの告知、楽し気なチラシの発行と配布など、準備は着々と進んでいた。参加の申し込みは順調であったらしい。催しの間近になっての打ち合わせに筆者も少しだけ参加することができた。そんなとき、担当の職員が（企画が良かったので）「食いつきが良い」と話しているのである。

私はこの職員は住民のことを魚か何かと考えているのかと、嫌な気分になった。自分が（エサを投じられ）食いつく立場になったことがあるのだろうか。「催しへの参加希望が多く寄せられている」「申し込みが多い」と言えば良いのだ。

また、それとは別に、最近、杉並区の『議会だより』を見て、同じような気分になった。革新系といわれる会派の中堅に差し掛かろうとしている議員が区議会の委員会で、ある地区のまちづくりに関して区に「なぜもっと住民を巻き込まないのか」と質問しているのだ。これには、分かっているのかな……と、首を傾げた。住民にしっかり呼びかけるなどして参加・協働の実《じつ》を上げよ、という趣旨なのだろうが、行政に「巻き込まれる」側はたまったものではない。この「巻き込む」を平気で使っている自治体職員や議員は案外多い。

以上に記した以外にも使ってはいけないのでは、という言葉は多いのではないか。

先にも述べたように、そうした言葉を使えば、自治体のまちづくりの基本的な姿勢を疑われるし、住民などとの表向きの対応の陰でのことなら、職員の倫理観を問われるだろう。うっかりとか無自覚かを問わず、委縮するのではなく、参加・協働の原則をベースに、言葉に敏感になろう。

第3章
庁内のタテ・ヨコの悩みを乗り越える

まちづくりは、規則正しくつくられた階段を駆け上るような制度化あるいはマニュアル化されたプロセスはむしろ少ない。そうしたなか、自治体の組織のタテ・ヨコの意思・力がうまく合わされることがその成否を決定づけるのではないか。

1　3課長の緊急連携でサポート

市区町村、つまり基礎的自治体のまちづくりは、本書の「はじめに」にも述べたように、「現場における総合的な解決」を求める。すなわち、自治体内部でさまざまな制度、事業や職員の力などを可能なかぎり組み合わせる必要がある。筆者の携わった各種のまちづくりを振り返ってみても、何とか当初の狙いを実現できた、あるいは、予想を超えて成果を上げることができた、と言えるのは、そうした関連する職場の人びととの連携がしっかりできたものばかりである。

阿佐ヶ谷駅南口広場のイルミネーションが輝いた

突然飛び込んで来た課題だが、比較的順調にまちの人びとの要望に応えられたものもある。その一つは、ＪＲ中央線阿佐ヶ谷駅南口広場でクリスマスから正月にかけて輝く「高さ30メートルのイルミネーション」[注1]である。

阿佐ヶ谷駅前さらには阿佐谷を象徴する冬の名物となっているこのイルミネーションは、地元商店会が中心となって１９９３年にスタートしたものである。今年（２０２４年）でちょうど31年になる。

今となってはクリスマスの時期になると、当然のように広場に輝くイルミネーションであるが、それを実現させるまでの商店会の（発起人たちの）苦労は、並大抵ではなかったと思う。

まず、肝心の資金の捻出自体が驚くべきことである。[注2] また、そのメドがついたとしても、イルミネーションを駅前広場（つまり公《おおやけ》の場）の樹木に設置するには、東京都、ＪＲ当局、警察署など主要な関係機関の了解がいる。それら関係機関は阿佐ヶ谷駅前での商店会による前例のない企てに、どうしても消極的になるのだろう。筆者に相談する前にはそれら関係機関への打診をしたらしい。筆者が、発起人らの話からうすうす感じるのはそれぞれ「垣根が高い」との印象であった。

それまでのまちづくりの取り組みが役に立った

そのようななか、区のまちづくり部門がサポートしてくれるのではないか、と商店会の役員たちが筆者を訪ねてきた。筆者が担当する景観

JR 阿佐ヶ谷駅南口広場のイルミネーション（2023 年 12 月）

まちづくりの取り組みにまちづくり協議会委員として参加している役員の気づきだろう。

ところで、筆者は、景観まちづくりは、いわゆるランドスケープとしてのまち・地域全体の姿や道路、並木などの公共インフラ、個々の建物のありようなどハードな要素だけを対象にするのではない——つまり、人びとの行き交う有り様、街頭放送の響き、さらには地域固有の祭りなど、広く社会的・歴史的・文化的な要素をも含むと考えている。商店会からのイルミネーションを駅前広場に、との願いは、そうした景観まちづくりに十分フィットするものだと受け止めた。

行政が発意したものではないが、地元の人びとが中心になって資金を工面して頑張ろうという企てである。こんなありがたい話はそうそうあるものではない。

筆者は、まず部長に事情を説明し了解を得た後、この課題に深く関係すると思われる区民部の経済勤労課長、土木部の計画調整課長の二人に、連携して対応できないか相談した。両課長は、筆者より区の職歴が長いベテランである。筆者は、(失礼ながら)こうした前例のない課題に区の幹部職員として柔軟に取り組める仲間、と見込んだのである。

関連の2課長が連携してくれた

そんな筆者の見込みが間違いなかったことがすぐ分かった。

経済勤労課長は、地元のイメージアップ、ひいては商業振興に役立つのではないかと考え、すぐ

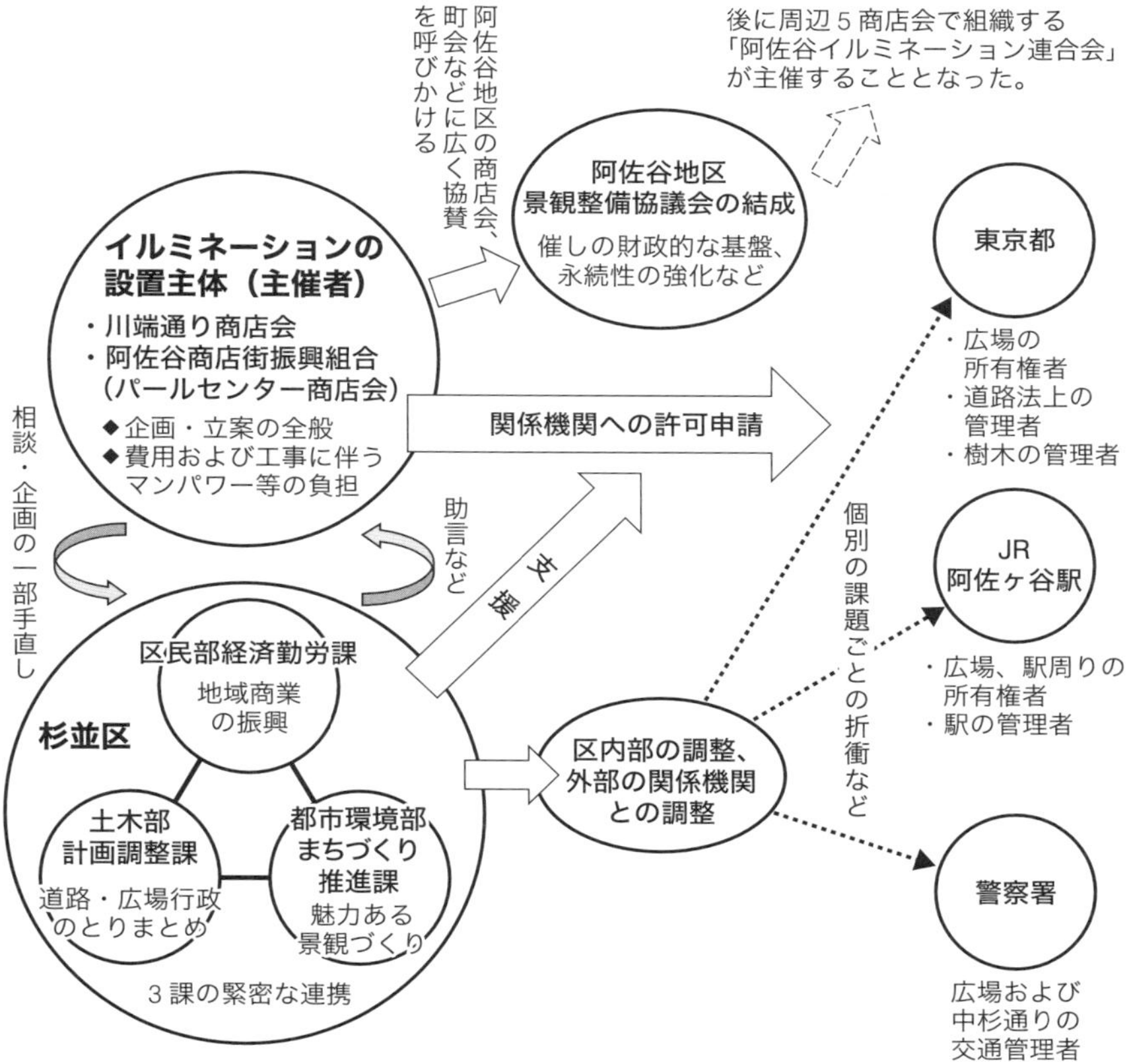

図3　区の3課の連携で支援（作図：鳥山千尋）
JR阿佐ヶ谷駅南口広場のイルミネーションのスタート（1993年）。

注：図にあるように景観整備協議会は協力団体となり、主催は関連5商店会による「阿佐谷イルミネーション連合会」となった。阿佐谷地区にある20ほどの町会連合会も催しを応援している。なおパールセンター商店会は阿佐谷商店街振興組合の通称。

ベテランの係長ともども協力してくれることになった。また、土木部の計画調整課長は、ＪＲと都が所有権と最終的な管理権をもつ広場の日常的な清掃や催しのチェックなどの維持・管理（いわゆる「表面管理」）の観点から、さまざまなトラブル解決の方策に長じており、広場の景観向上にも関心があった。何より両課長は柔軟な考え方の持ち主だった。ここで筆者を含む区の３課長がまちの人びとの求めに応じ、緊急にタッグを組むことになった。情報の共有を図り、都、ＪＲ当局、警察署などとの協議を進めるのとあわせ、広場の使用許可の申請など、手続き面のアドバイスや関連部署への根回しなどの取り組みを開始したのである（図３）。

筆者は、発起人の代表格であるＫさんと連れ立って、まず警察署の交通課を訪ね、イルミネーションの可能性について打診した。筆者は、交通課の課長や係長からイルミネーションを厄介なものとして否定的な理由を並べられるのではないか、と心配したのである。ところが、そんな心配をよそに、具体的な場所などについての話になった。Ｋさんは、広場の東南端にあるヒマラヤスギにイルミネーションを、と要望したのだが、ＪＲ中央線と直行する中杉通り（都道）との位置関係からむずかしいことが分かった。信号機と見間違えるリスクがあるとの理由である。結局、広場の中央部に近いメタセコイアが候補になった。

いったん方向が定まると協力してくれる動きに

最大の「垣根」と予想した警察署の了解を得るメドはついた。しかし、解決には、都やJRの了解も必要である。筆者は、警察署への打診結果を二人の課長と共有するとともに、経済勤労課長、発起人のKさんらとともに都の第三建設事務所に赴き、警察署の意向もふまえ、イルミネーションを実現できるよう協力を要請することにした。

発起人のKさんらはこれまでも建設事務所を訪ねていたらしい。地元商店会の役員とはいえ、任意の市民グループからの要請に、建設事務所当局はYESと言いにくかったのだと想像する。たしかに当時はまだ街路樹へのイルミネーションは多くはなかった。そんな対応をKさんらは「役所の垣根」が高いと感じたのだろう。改めて筆者ら区の課長が連れ立って訪れたので、都の担当者も多少安心したのだろう。経済勤労課長は「区の商業を振興する立場からもぜひ実現したい」と力を込めて言ってくれた。以後、いくつかの曲折はあったが、何回か相談に通ううち、具体的な条件を示してくれるようになった。たとえば、メタセコイアを傷めないよう枝の先端（樹木の成長点）から1メートル以内には電飾をしない、などである。イルミネーションの設置に向け、事態が大きく進んだのである。

2 「タコツボ型」が「コラボ」を阻害する

「高い垣根」が一挙になくなった

イルミネーションの設置にはJRが広場の駅寄りのかなりの部分を所有していることもあり、阿佐ヶ谷駅の駅長にも了解を得る必要があった。記憶が定かではないが、発起人の考えや警察署、都の対応方針を説明すると、駅長は反対することなく了解してくれた。

駅はイルミネーションの設置については直接的に関わるわけではないが、駅前の催しでもあり、反対されると、たとえば、広場全体を使用する点灯式の開催に関しても何かと支障が生じる。駅長にとっては、資金的な問題がクリアーされており、区が応援していること、駅のイメージアップにもなり——駅のホームは今や格好のビューポイントである——、加えて、イルミネーションの位置が所有地（広場の駅に近い部分）から外れていることもあったのかもしれない。一方、広場の催しには主催者から区へ図面を添付した使用許可申請書の提出が必要なのだが、計画調整課長がベースとなる図面をみずから用意してくれた。これはお手のものだ。[注3]

以上のような地元商店会の発起人の努力をベースに、区の3課の連携で阿佐ヶ谷駅南口広場のイルミネーションがスタートする運びとなった。発起人が相談に訪れてから半年に満たないほどの急な出来事である。この間、区はイルミネーションの設置に特段の財政的な支援を行ったわけではない。設置工事にはクレーン車が必要であるなど、それなりの費用やマンパワーがかかるのだが、そもそも区が予算措置をまったく想定していなかった地元主体の企てが実現したのである。

イルミネーションが広まった今から見ればささやかな規模だが、まちの人びとをはじめ、ＪＲ中央線、総武線で行き交う多くの人びとがクリスマスや暮れ、正月の訪れを感じ、癒やされる光景を創出しているのは確かだ。地元の発起人の努力に筆者ら区の３課（課長）が連携して応えることができたのはとても嬉しいことであった。

「タコツボ型」が連携のネック

あらかじめ決められた自分の仕事に関係がなければ、あるいは、面倒くさい、得にならない、と感じたら、他の部門からの相談にさえロクに応じない職員、他の職員が急な事務増となった状況を知りながら応援しようとしないような「タコツボ（蛸壺）型」職員が公・民を問わず、どこの職場にもいるのかもしれない。そんなタコツボ型職員が心地よく居座っているような組織では、連携（コラボレーション＝コラボ）はなかなか進まない。

筆者らがささやかではあるが関わり、「うまくいった」カギは、課長を中心とする3課の連携であった。係長や係員間の連携は表立ってはいなかったが、仕方のない理由もある。急な飛び込みの仕事であり、ボトムアップの時間的な余裕がないこと、決まった年度の予算やマンパワーの確保もなされていないことなど、課長みずからが率先して動かないと進まない事情があった。もっとも、筆者の知らないところで、係長や係員のサポートはたくさんあったのではないか。課長の不在一つをとっても、それをしっかり守り切るのはだいじなサポートからだ。

トップも「タコツボ型」の弊害を承知している

タコツボ型職員が幅を利かせていると、意欲のある職員がしだいにスポイルされて（腐って）しまう。他の職場との連携を通じて鍛えられ、視野を広げるような機会がおのずと限られるからだ。知り合いの土木技術職に、そんなタコツボ型職員・職場が嫌で、それを打開するには管理職になるしかない、と、管理職試験を受けた職員（その後、部長職になった）がいるほどである。そんな強い意志をもつ職員が増えていけば、自治体内部の風通しや異職種間の連携、学び合いは自然と好ましい方向に進むだろう。

そうこうしているうちに、まちづくりをめぐる自治体内部の様子は大きく変わった。東京23区の組織編成を見ても、たとえば、１９７０年代にはマイナーであったまちづくり部門が自治体の技術系組織の中心を形成している。そこでは従来の土木、造園、建築などの技術系職種が事務職とも混然となって日常的に連携し合う、というケースが増えた。タコツボ型職員がコラボのネックになっていることを自治体のトップもよく承知しているのだ。コラボの必要性を感じたら、なるべく早く相談し合うなど、双方がふだんから敏感なアンテナを備えることも欠かせない。心ある職員が「係長、こちらも何とか協力しましょう」と進言するような光景がいろいろな部門で広がることを期待したい。

3 失敗しないことばかり考える上司もいる

まちづくりの取り組みをめぐっては、記憶に残る職員がたくさんいる。筆者には到底かなわないような才能、センスがある職員、障害があるのをものともせず一生懸命に取り組む職員、目立たないがコツコツと手堅く成果を上げる職員、何かと気配りに長《た》け、「あいつに任せておけば地元説明会の設定や進行はまず安心だ」と言われる職員など、思い起こすといろいろな顔が浮かぶ。ときに「お役所仕事」などと揶揄されることもあるが、圧倒的多数の職員はまじめに仕事に取り組んでいるのだ。

上ばかり見る「ヒラメ型」が上司とは……

それでもなかには、困った職員もいる。たとえば、上昇志向や保身の意識ばかりが旺盛で、自治の理念などは眼中になく、首長や上役の「受け」ばかりを気にしている「ヒラメ型職員」である。あらかじめ決められた仕事以外は、面倒くさいのか、よほど自分のプラスにでもならないかぎり動こうとしない「ことなかれ型職員」も似た部類だ。そんな職員がときに管理職試験の受験準備には熱心だったりするから始末が悪い。

「ヒラメ型」「ことなかれ型」が上司だったりすると、失敗をすることを恐れてばかりで、部下が住民のために積極的に取り組もうとしてもなかなかスムーズにいかない。まちづくりの新たな施策を提案する、実行する、といったことはもちろん、他の部署との連携がとてもむずかしくなってしまうのは当然である。

筆者自身は人事考課は良いに越したことはないと思っているし、仕事の成果を上げられれば、正当な処遇があるべきだと考えている。好き好んで失敗をしたいなどと考えたことはない。それでも、係長や管理職になってからも、この人は自分の昇進・昇格ばかりを考えているのか……と感じる上司に仕えたことがある。

まちづくりをめぐる状況は自治体ごとに異なるし、また、刻々と変わっている。固有性の強い課題にぴたりと当てはまる前例があるわけではない。そんななか、まちづくりを進めるには手さぐり、試行錯誤は避けて通ることができない。失敗をしたくない、というのは同じでも、昇進・昇格、保身のために、というのは本末転倒である。

似た経験をもつJさん

あるとき泊まりがけの管理職研修で、X区のJさん——筆者より5歳ほど若い優秀な管理職である——と話していたら、彼の経験が似かよっているのに驚いた。

Jさんが昇格してまちづくり部門の課長に就任した頃である。上司の部長は、財務や経理分野を長く歩んできたのだが、まちづくりの経験はなかった。部長は、たまたままちづくり部門のトップとなったわけである。ここまでは、当時ごくふつうの話である。問題なのは、部長が特別職に昇格したいと人一倍強く願っていたことである。

技術職である新米課長Jさんの力量への不信もあって、Jさんの失敗が自分の昇格に響くのではないかということばかりを気にしているのである。

部長は、たとえば、議会の会期中やその直前・直後は、まち・地域の人びととの話し合いやまちづくりニュースの配布、つまり、まち・地域への働きかけは一切しないことを強く命じたという。住民のなかには当該のまちづくりに反対する意見があり、それが議会であからさまに取り上げられたりするかもしれない。それが部長の昇進・昇格にとって不利に働くのではないか、との警戒であろう。とにもかくにも自分の昇任・昇格に差し障りそうなことは芽を摘んでおきたいのだ。

あるとき、Jさんは部長からすでに地区の数百軒に配布したまちづくりニュースを全部回収するように命じられた。さすがにJさんは部長に配布の必要性を必死で説明し、何とか回収しないで良いこととなった。命じた部長も心中、あまりに理不尽だと思ったのだろう。

まちづくりニュースはニュースというだけに、作成・配布のタイミングがたいへん重要である。議会の動向に配慮するのは当然であるが、それも含め、まちづくりの仕事はまさに動いているのだ。なにがなんでも議会の会期中とその前には配布するな、というのは明らかに行きすぎ——今なら「パワハラ」として指弾されよう——である。

上司と部下職員との板挟みに

自治体の議会は、年4回の定例会があり、予算、決算の審議のある会期はそれぞれ1か月程度が見込まれている。合わせると相当長い期間である。その間、先のまちづくりニュースの配布と同様、地元への働きかけを禁じるのは担当の職員にとって「仕事を進めるな」との命令としか受け止められない。職員からは「まちづくりの死活問題だ」「何でそうなるのか」との声が上がるのは当然である。ことに係長は係員から直に強くアピールされるので辛いだろう。Jさんはしばしば課内での説明に苦しみ、部長と職場の板挟みとなった。このまちづくりに加わっていたベテランのコンサルタントも驚きを隠せなかったという。

部長がＪさんを叱責するやり取りが毎週のようにあるので、Ｊ課長が部長に呼ばれると、部長室の周りで執務している数十人の職員が突然シーンとしてしまったという。

先輩課長らが庇《かば》ってくれた

そうしたなかでも、Ｊさんと同じ部の先輩課長や係長の何人かは「Ｊ課長は一生懸命にやっている」「新しい仕事なので心配はあるが、見守っていきましょう」などと部長をなだめ、ずいぶんかばってくれたという。

そんなサポートがあったこともあり、Ｊさんは、部長との折り合いを何とかつけながら、区の多くの部門にまたがる「都市計画マスタープラン」づくりへの参画をはじめ、すでにある程度進んでいた防災まちづくりの継承・発展と新たな地区への展開、いくつかの地区における住民との協働による都市デザインをキーワードとする取り組みなどを進めることができた。

それらの取り組みは、３年ほど経つとしだいに自治体職員の研修関係の月刊誌や都市整備の専門誌などに取り上げられるようになり、役所の職員や議員のなかにも理解者がずいぶん増えたという。まさにＪさんの経験は「石の上にも３年」である。

タテ・ヨコのスムーズな関係が大切

以上は、筆者の新米課長時代を思い起こさせるＪさんのヒリヒリするような経験――彼の上司との辛口のミニ・ヒストリーである。

Ｊさんと意気投合するのは、まちづくりは初めて経験する取り組みが多く、手さぐり、つまり、試行錯誤や独自の工夫が求められる局面が多い。したがって、①失敗を恐れてばかりいてはまちづくりがなかなか進まない、②まちづくりはヨコの関係をうまくつくることがとても重要だが、職場のいわばタテの関係もぎくしゃくしているとスムーズにいかない、ということである。

ところで筆者の場合、Ｊさんよりは少しはましだったようだ。上司から学んだことも多い。上司は、人一倍失敗を恐れるというだけあって、議会対応はたいへんにきめ細かである。委員会での配布資料の内容、予算・決算などの簡潔な説明、答弁の要領、たとえば、金額の言い回しなど、じつにスキがない。また、住民との話し合い、各種の催しでの挨拶の仕方から管理職としての作法に至るまで、この上司からずいぶんたくさんのことを教わった。これにはたいへん感謝している。

筆者は先述のように自治体職員をとっくに定年退職した今でも小さなポケット手帳を使う。それはいつでもスケジュール調整ができるようにしているのだが、手帳の右肩に過ぎた週の刻みを入れるのもこの上司から盗んだワザである。こうするとすぐ今週のページが開けるのだ。

このように、良いことは貪欲に学ぶ一方、まちづくりのさまざまな局面では、辛いだろうけれど諦めず、理不尽なことには丁寧に反論するなどして、粘り強くスジを通していこう。あなたの努力を評価する「味方」もしだいに増えるはずだ。

4 自治体のトップとの好ましい関係とは

背筋のピンと伸びるような関係を

本書では自治体のトップ――首長、場合によってはそれに次ぐポジションにある人びと――とまちづくり職員との関係についてさまざまなところで記している。改めて一言述べるとすれば、やはり「背筋のピンと伸びるような関係を」に尽きる。

まちづくりは他の行政分野と比べ、基礎的自治体にとってより政策的な分野であること、したがってトップの理念や姿勢、具体の取り組みでの判断を反映する場面が多い。しかしながら、まちづくりを担当する一職員としてトップとの関係をどう考えるかは、まちづくりの施策分野だけでなく、公務員として、あるいはもっと広く、何らかの組織に属する「勤め人」としての姿勢、もっと言えば生き方の問題でもある。

まず仕事の基本「ほう・れん・そう」を実践する

いちがいにトップとの関係といっても、職員の職階や職務によって、また、1千7百ほどある基礎的自治体の立地、人口や地域の広がり、主要な産業などにより大きな違いがある。何より自治体の組織は職員数によって大きく変わるのは当然である。[注4] 筆者が長年勤務してきた杉並区（人口約57万、職員数は3千5百余り）は、東京23区のなかでも、比較的暮らしにゆとりのある住民が多い住宅区と呼ばれる。23区にはそのほか、業務ビルが林立する、繁華街を抱える、住工あるいは住商混合と表される区があるなど、それぞれの区の間にはかなりの違いがある。

一般に、小さい組織では職場のヨコ・タテの関係が丸ごと濃密であろうし、大きな組織では個々の職場ばかりでなく、より大きな組織のなかでのネットワーク的な関係もだいじということになろう。[注5]

話を戻すと、法令に明らかに違反している場合を除き、職員は上司の命令に従わなければならない、との規定もある。[注6] 職員は、トップから直属の上司への仕事の流れに即し、それぞれの役割を果たすことが求められている。

こうした職員としての仕事を確実に、かつスムーズに進めるためには、いろいろなルーティンともいえる手順が必要である。なかでも自分の役割をふまえた、いわゆる「ほう・れん・そう」(報告・連絡・相談)が最もだいじだと思う。とりわけまちづくりの仕事は、先に述べたように、他の行政分野と比べ、より政策的な色合いが濃い。また、多様な人びとの参加・協働が欠かせない。したがって「ほう・れん・そう」は、いちだんと重みをもつ。

区長の怒りを買う失敗——荻窪駅北口広場の整備

「ほう・れん・そう」をめぐっては、筆者の記憶のなかでもとくに大きな失敗がある。JRの荻窪駅北口広場の整備に関する取り組みである。

都市計画で定められた広場であるが、この計画自体、駅の乗降客数をはじめ、発着するバスやタクシーの数などからすると基準をはるかに下回る面積しかない。[注7] 整備前の狭さは「問題外」というくらいであったが、整備が完了しても余裕のない手狭な広場となるであろうことは関係者の共通理解となっていた。

しかし、区として文句は言えない。広場は都道である青梅街道の一部として位置づけられており、計画区域にあった店舗などの買収、さらに具体の整備計画づくりから工事まで、いわば広場の整備は丸ごと東京都が行うことになっているのだ。たとえば、駅の入り口に接していた人気店の立ち退きをめぐる訴訟も都が担当したのである。面倒なことはすべて都任せで、区は地元自治体として区民要望をふまえ、都に注文をつける、という虫の良い話ではあった。そんなプロジェクトへの区としての対応が筆者の部門に任されたのである。

2004、5年頃だったろうか、広場用地の確保が一段落すると、具体的にどのような広場とするかが課題となった。都が中心となり、区、警察、バス会社など関係機関での協議の場ができ、協議に筆者の部からL課長が参加することになった。

適時の「ほう・れん・そう」を怠った

問題はL課長が適時に「ほう・れん・そう」をしなかったことだ。協議の場の議論は半年ほどかかったと記憶するが、整備計画が固まってから区長に報告する形になってしまったのである。区長がひどく怒ったのは当然である。

広場は駅周辺や大げさに言うと杉並区の「顔」であり、区長のもともとの「選挙地盤」でもある。区長の思い入れは強く、具体のイメージもあったようだ。L課長がどう考えたのか分からない。筆

荻窪駅北口広場（2023 年 3 月）

者が検討の途中に幾度か報告を求めても、まだ報告するほどの内容がない、との答えだった。いきなり固まった整備計画に驚いたくらいである。それでも、筆者が部長としてL課長にもっと突っ込んで経過報告を求めるなど、適切な対応をしなかったのは事実であり、責任をとるしかない。区長の怒りはよく理解できる。区長と筆者との関係はひどく険悪になった。

筆者は改めてL課長と都の担当部署に出向き、修正の可能性について相談した。たしかに広場の用地は手狭であった。バス停の数、タクシープール、そして多くの人の動線などを考えると、いわば機械的に計画の大枠は定まらざるを得ない。この場合、修正の余地はほとんどないことは筆者にもよく理解できた。L課長はそうした状況から検討状況の報告を「いずれまとめてしよう」と考えたのだろう。

筆者は、そうした事情をL課長とともに区長へ報告し、謝るしかなかった。しかし、区長の怒りは簡単には収まらなかった。広場の計画に自由度がないのなら、それも含め、固まる前に報告せよ、という区長の怒りは当然である。区

荻窪駅北口広場を俯瞰する（2023 年 10 月）

長と筆者との険悪な関係が収まるまでしばらくの日々が必要だった。

今、荻窪駅北口広場を訪れると、多くの人びとが行き交い、バス、タクシーがせわしく発着している。同時に、区長の怒り、筆者の情けない気持ちを思い出す。

「ゴルフ人事」などと陰口を言われないように

「ほう・れん・そう」を手掛かりに、トップと職員の関係について述べた。「ほう・れん・そう」だけが職員の仕事の基本ではない。上司への提案（建議）、そして諫めることすらもときにだいじだ。

一方、管理職、監督職について言えば、多くの職員は案外、よく観察している。そのうえでの評価は「いつもトップにペコペコしているだけ」、あるいは「何でもトップの言うことを聞いて、できもしないことを部下に押しつけるイエスマン」かもしれない。いずれも結局、職場のやる気をそぐだけである。

また、トップについて言うと、筆者の知っている首長のなかには、それでよくまともに組織が維持できたな、というお方もおいでである。それぞれ首長として大きな成果を上げたのは事実であろうが、たとえば、誕生日に自席にお祝いの挨拶に来ない管理職を「けしからん」とする首長、招かれるかどうかで「忠誠度」「人事考課」が分かると評されるような「園遊会」を主催する首長、ゴルフ好きなのはかまわないが、特定の部下と連れ立っていることが多いためか、異動の時期などには

「ゴルフ人事」「ゴルフ行政」の陰口が聞こえる首長、などである。今どきそんなことが、と驚くが、そう遠くない昔にあった本当の話である。

この項の冒頭に述べた「背筋のピンと伸びるような関係を」いま一度思い返し、自治体の仕事は、けっしてトップ個人のためでなく、住民をはじめ多くの人びとのために取り組むもの、と改めて確認したい。

第4章 「外の人びと」と力を合わせるには

まちづくり職員が仕事で欠かすことのできない「専門家」と呼ばれる人びとと互いにリスペクトしながら取り組むことの大切さ、そして、まちづくり職員が専門家と言われるくらいになろう、との期待を込めた。

1　多様な専門家との協働を進めよう

まちづくりを進めるためには多くの専門家との協働が必要である。自治体職員のなかに、まちづくりの多岐にわたる課題に対応できる人材が揃っていれば良いのだが、実際にはなかなかそうはいかないからだ。

その最たるものはまちづくりのコンサルタントである。大学の先生など研究者にもコンサルタントやアドバイザーとして関わってもらうケースもよくある。

改めてまちづくり分野の専門家との協働を考えると、コンサルタントや研究者のほかにも、たとえば、まち・地域における道路や交通のあり方を考えるときには警察、防災・救急の検討には消防関係者との協議が欠かせない。住民の間に防災の意識が高まっている昨今では、まちづくりの話し合いに地域の消防署の職員を招くのも珍しくない。

地区のまちづくりの計画が定められ、個々の事業を進めるためには、多様な専門家との協働が必要になる。用地や建物の取得にあたっては土地家屋調査士、測量士、場合によっては建築士、不動産の鑑定や取引の専門家、税理士、司法書士、さらには弁護士の力を借りることもある。そうした自治体のまちづくりに関わる専門家は、いわゆる「サムライ（士）業」と呼ばれる人びとを中心に結構な数になる。

丸投げではうまくいかない

ところで、自治体のまちづくりにおける専門家との協働には、ふつう業務委託や請負といった契約が介在する。契約に盛り込まれるべき業務の目標や内容と進め方、成果のイメージと納期、保証期間などが定められ、競争入札やプロポーザルなどで業務の遂行にふさわしい専門家が選定される。したがって、自治体の担当職員は、いったん専門家が選定された後には黙っていても仕様書に定めた成果が生まれる、と考えがちである。

しかしながら契約は同じようでも、自治体の担当者の考えや対応次第で成果の質が大きく変わるのを筆者は何度も目にしてきた。そうした傾向は、まちづくりの分野でとくに著しいように思う。まちづくりは、日々変化するまち・地域、そしてそこに暮らすたくさんの人びとを対象とする。あらかじめ定められた仕様書をベースにするのは当然としても、実際に事業途中で仕様書に記された内容だけでは十分に目的が達成できないような問題が生じることがしばしばあるからだ。

そうしたなか、自治体まちづくり職員としてだいじなのは、まず、専門家に丸投げ(=任せっきりに)しないことである。

事業のスタートにあたって、改めて事業の狙いに関する意思疎通を図り、予想される主要な問題などを共有することはもとより、事業をめぐって相互の役割を再確認し合うことは、その後の円滑な事業推進を図るうえでたいへん重要である。

また、事業の進捗に合わせた適時の打ち合わせにより、まちづくりの狙いと進め方をチェックすることが欠かせない。たとえば、専門家との何気ないやり取りから、それまで予想しなかった自治体内外の有為な情報の提供が可能となったりする。急に地元対応が必要となるような場合にも、まちづくり職員と専門家とが協力し合い、的確な広報活動や話し合いの設定を行うこともできよう。それらは、いずれも契約内容に事細かに定められているからというより、ともかくは迅速に柔軟性をもって対応すべきケースだ。専門家に丸投げするような進め方では到底うまくいかない。

新たな専門家の出現

以上は、主として前述の「サムライ業」を念頭に置いている。そうした専門家をめぐる状況も刻々と変化している。とりわけ変化の激しい情報環境や消費者のニーズ、ＳＤＧｓへの可能なかぎりの配慮が求められている状況のもとで、たとえば、比較的規模の大きな既存の商業業務施設とその周辺の再整備を進めるにあたっては、複雑に絡み合っている関係権利者の意向を解きほぐすことが大前提である。このような課題を、自治体のまちづくりの方針に即し解決する、といっても、実際には基礎的自治体の職員の手に余るケースがほとんどである。

そうした状況から、大手の建築設計事務所がスポーツ施設の計画・設計のみならず、イベントの誘致、スポーツを通じた地域振興など、施設の建設後の運営支援を主眼とする新会社を設立するとの報道もある。[注1] また、ときにはライバル関係にある商業者間の意向をまとめあげ、防災性・安全性の確保の方策、交通機関とのスムーズな連絡や回遊性の向上、統一的なデザインコンセプトを指示し、主要な建物とその周辺を含めた基幹的な空間構成を行う——さらには、多様なテナントを誘致する——といったスーパーマンのようなコーディネーターが近年出現しているようだ。

多くの業種・多様な人びとに支えられている

専門家を「業種」という意味に置き換えることも可能だと思う。たとえば、まちづくりニュースの発行では印刷、配布が必要だし、自治体の他の部署とは異なった文具や器材を扱うことも多い。実務に取り組むまちづくり職員は、そうした業種にもずいぶんお世話になっているはずである。一昔前には、大きなサイズのコピーが必要なときには出入りのコピー屋さんに「青焼きを10部、緊急にお願いします」などと注文していたことを思い出す。都市計画審議会の議事録の作成を速記の専門業者に委託する自治体も多いと思う。まちづくりの仕事をきめ細かにバックアップしてくれる人びとである。

それらの人びととの関係は、たしかに発注者と受注者ではある。したがって、個々の契約内容をしっかり把握し、それに即して対応するのは当然である。しかし、自治体職員は、発注者として、上下の関係に括《くく》るような言動を取りがちであることも事実だ。自治体職員となって間もない若い職員が、そうした人びとを「業者」「業者」と呼んでいるのを筆者は諌《いさ》めたこともある。注2

専門家の熱いハートに期待する

以上は、まちづくりの現場における契約をベースとした、つまり成果と報酬などとの関係をベースとした専門家との協働であるが、自治体のまちづくりの現場では、もっと緩やかな協働がたくさんある。

たとえば、自治体の庁舎ロビーなどでの、建築士や建設業界の人びとによる耐震化や不燃化の相談窓口の開設は分かりやすい事例である。地域の防災力を高めるため、行政と防災や建築関連の専門家グループ、地域の自治会、防災士などの市民ボランティアが実行委員会を組織して防災まちづくりのイベントを開催するなど、広がりのある参加を得るケースもある。被災地への応急危険度判定を建築士にお願いするケース、景観まちづくりの市民講座の講師をコンサルタントにお願いするケースなども、契約うんぬんというより、行政以外の人びとの自主的な「力をお借りする」側面が強いと思う。すでに近年多発する自然災害の復旧・復興の局面ではサムライ業のボランタリーな活動が大きな力となっている。まさに専門家の熱いハートに期待する取り組みである。注3

まちづくり職員は、まち・地域の専門家になろう

ひるがえって自治体でのまちづくりの取り組みを考えると、まちづくり職員も、他の職員から見ると「専門家」である。名刺の肩書などにも1級建築士などと記されていることもある。つまり、技術的な知識をベースに、サムライ業の人びとなど専門家にしっかり対応できることを期待されているのである。その源泉は、むしろ技術的な知識・素養もさることながら、まちのこと、地域のことをよく知っている、ということだろう。そうした意味から、まちづくり職員は地域限定かもしれないが、まちづくりの専門家である。

以上のような思いを書き綴っていたら、筆者がアドバイスをいただいている柳沢厚先生から「外部の専門家とまちづくり職員が一緒になって1＋1＝2という以上の成果を上げるのがだいじである。それにはまちづくり職員に「プランニングマインド」が必要ではないか」と指摘された。つまり、熱意をもってまち・地域の課題をみずから調べ、重要度、緊急度、関係性などによってそれらを整理し、まち・地域の将来像をイメージして効果的な解決方法を考え続ける、といった計画思考（指向）を身につけてほしい、とのことである。たしかにそうだと思う。

2　コンサルタントに丸投げでは失敗する

専門家のなかでもまちづくりや都市計画のコンサルタントは、まちづくりのおもととなるまちの将来構想や計画をつくるときに欠かせない存在である。筆者は自治体職員としてまちづくりに携わった数十年の間、多くのコンサルタントにずいぶん助けられ、多くを学んできた。納得のいく仕事は、ほとんどと言ってよいほど優れたコンサルタントとの協働であった。

筆者は、大学を卒業してから短い期間であったが、民間の建築設計事務所やディベロッパーを転々とした。その後、杉並区の職員として、コンサルタントへの発注者としての立場を数多く経験した。また、公務員を「卒業」してからは、いくつかの自治体などの防災まちづくり、復興まちづくりにコンサルタントの一員として携わった。つまり、受注業者としての立場も、ささやかではあるが経験した。それらをもとに、コンサルタントとの対応で「これは大切だ」と考えるポイントを示したい。

優れたコンサルタントを「パートナー」として選ぶ

まず、大切なのは、優れたコンサルタントを選ぶことである。しかも、パートナーとして、である。

たとえば、自治体が大地震に備えて防災上の課題を抱えた地区の整備・改善を進めようとするときを考えてみよう。本格的な取り組みのスタートは、以降の検討のベースとなる調査（基礎調査）を改めて実施することだろう。

この基礎調査における調査メニューとその成果は、コンサルタントへの業務委託以前にすでにある程度自治体サイドはイメージしているはずである。[注4]しかし、そのうえで改めて専門家であるコンサルタント（以下、会社やNPOを含めた専門家（の組織）を単に「コンサルタント」と表記する）に委託するのがふつうである。[注5]

基礎調査は、課題に即して地区の地理的・歴史的・文化的な特性、土地利用、道路・公園などのインフラやオープンスペース、人口構成や土地建物の権利関係、危険要素、安全・安心要素などを改めて整理し直すことである。コンサルタントを交えた基礎調査によってそれまで行政サイドが気づかなかった課題が明らかとなったり、課題の比重・序列が従来とは異なって示されたりすることも多い。[注6]

基礎調査と並行して、自治体のまちづくり部門は、コンサルタントを交え、地区の防災上の課題の整理や解決に向け、関係課による委員会など新たな連携組織をスタートさせるのが一般的である。あわせて、その後のまちづくりの構想や計画の本格的検討の段階を展望するのも欠かせない。たと

えば、参加・協働のまちづくりの方法についての議論を進めることがだいじだ。[注7]

いずれも、最終的には地区の住民との話し合いや議会の意向をふまえたうえで決定する事項ではあるが、幅広い知見を備えた専門家であるコンサルタントの見解をも参考に十分議論し、適切な判断をする。そうした意味では、優れたコンサルタントを、単にまちづくりの基礎調査の受託者というだけでなく、協働すべきまちづくりのパートナーとして選び、対応する必要がある。

選定にまつわる失敗

そんななか、筆者にもコンサルタントをめぐってはいくつかの失敗がある。その一つは課長時代のある取り組みである。

区内の美しいケヤキ通りで親しまれている通りとそれに連なる商店街周辺の景観形成、そして回遊性の向上によるいっそうのまちの魅力づくりを主眼とする取り組みの基礎調査である。[注8]

ようやく長い間の働きかけが実現したということもあり、委託先の選定は課に4人いる係長のうち、新たに赴任した造園技術職のA係長に担当してもらうことにした。A係長を中心に、まず、5〜6のコンサルタントを選び、企画書、経歴書の提出を求め、取り組みにあたっての組織的な対応、意欲、予算との兼ね合いなどを評価し、ヒアリングを上位の数社に行うなどして、最も優れていると評価したコンサルタントを選定した（はずである）。

ところが委託業務がスタートして数か月後に提出された中間の報告は、要点があいまいであるなど、すっきりとしない内容であった。筆者は、コンサルタントにいくつかの注文をつけ、最終報告に至るまでの軌道修正に期待した。

年度末が近づき、最終報告の素案を見ると、あいかわらず、素人がまちの表面をなぞったような浅い内容である。A係長に理由を問うと、契約前に予定の担当者と紹介されたベテランが結局担当せず、他の新任社員が調査を担った、とのことであった。これから考えると、コンサルタントの姿勢に大きな問題がある。[注9]

筆者は、コンサルタントの代表者を呼び、強く抗議する一方、A係長には、契約に至るまでの話とまったく違う取り組みが進んだこと、十分な調査成果を得られるよう、コンサルタントの責任者に早めに申し入れるべきだったこと、などを挙げて厳しく注意した。

コンサルタントへの業務委託に不慣れな職員も

長い間、技術職として実務にあたり、現場の仕事に詳しい職員であっても、まちづくりの基礎調査の委託などに案外不慣れなことがある。A係長は、新しい仕事にもイヤな顔をすることなく取り組むのだが、いわゆる「ほう・れん・そう」(=報告・連絡・相談)が苦手なのだろう。仕事の進捗にあわせ、適時に係で話し合う、上司に相談する、というより、一人で抱え込みがちなタイプであった。

後で知ったのだが、家庭に同情すべき問題を抱えていたこともある。そうした事情を見抜けず、課長としてのマネジメントを十分に果たせなかったのは筆者の大きな失敗である。

年度末の最終まとめに時間があまり残されていないなか、筆者はA係長とともに1週間ほどの間、みずから缶詰状態となり、コンサルタントの提出した調査結果の素案に筆を加え続けた。何のためにコンサルタントを選定したのか分からないようなお粗末な結果である。気の毒な面はあるが、次年度は、別のコンサルタントを選任せざるを得なかった。

医者にたとえる

以上を見るまでもなく、コンサルタントを選ぶにあたって最も重要なのは、その質、つまり、まちづくりのパートナーとしてふさわしいかどうかである。自治体のまちづくり職員と（さらに住民をはじめ地域の多くの関係者との参加・協働の局面では、分かりやすい言葉で）話し合いができる能力、広い知見、柔軟性、そして何よりまちづくりの熱意を備えた専門家としてコンサルタントを選ぶことが欠かせない。地域・まちの住民をはじめ議会へ納得のいく説明が求められるのは当然である。

今日でも多くの自治体でまちづくりのスタートにあたってコンサルタントの選定を入札で行う、といった状況にあるという。これは先に述べたような随意契約での失敗をはじめ、財政的な制約や公正さの重視に起因する——それはそれで一理がある。それでも、筆者は、委託業務にプランニングの要素が含まれる以上、入札をベストと言うつもりはない。

まちづくりには、これまで述べたように、契約の仕様書に反映させるのが困難な業務が多くあり、それらは、発・受注者相互の信頼関係をもとに、相談しつつ進めざるを得ない、というのが主な理由である。

まちづくりのコンサルティングを医者にたとえる識者も多い。つまり、深刻な病を治療しようというとき、「いちばん安くやってくれる」医者を選ぶだろうか、との理由である。これにどう答えるかはたしかに悩みごとである。まちづくり職員が真剣にとらえ、個々具体のまちづくりに即した最良の方法を適用すべきテーマだと思う。

コンサルタントからまちづくり職員の質が問われる

繰り返しになるが、そもそもまちづくりのスタートにあたっての基礎調査のメニューや段取りなどが丸投げで良いわけはない。ましてや調査の進捗にあわせた地区の主要な課題とその解決策のおおまかな方向についての検討などは、コンサルタント任せにせず、自治体のまちづくりの担当者が主体的に考えるべきである。

と同時に、発注者の優位性をまとってコンサルタントを見下すのは論外である。優れたコンサルタントとの真摯な議論の積み重ねや緊密な意思疎通をないがしろにして好ましい成果は生まれるはずがない。逆に言えば、委託先の専門家〜コンサルタントから発注者である自治体のまちづくり職員の「質」、つまり、まちづくりへの姿勢や知見が問われているのだ。

3　現場から他の自治体と連携する

日常の連携が新たな連携を生む

他の自治体と連携する、と聞いて多くの自治体職員がまず思い浮かべるのは、被災自治体への復旧・復興支援だろう。これについては本書の第7章3節に阪神・淡路、中越、さらに、東日本大震災での筆者の経験を記した。次に、平常時の自治体間の連携で一般的なのは、協定による包括的な交流とそれにもとづく主要な産業の相互紹介、職員の交換事業などである。本書の主なテーマであるハード系のまちづくりでしばしば課題となるのは、自治体の境界をまたぐ、あるいは境界に近いまち・地域での道路、河川、上下水道、交通などのインフラ整備や市街地整備での相互協力だろう。筆者もこれまでそうした仕事をいくつか経験してきた。[注10]

一方で、目立たないが、定例的な自治体間の職員の情報の共有、意思疎通、場合によってはそれらをベースにした国、都道府県への提案や要望などは、実はとても重要である。都道府県レベルの多くの自治体をヨコつなぎするような職層ごと、分野ごとの会合、たとえば、担当者会議、係長会、課長会、部長会など（もちろん首長会、副首長会などトップレベルの会合を含む）の仕組みは、わが国ではごく当たり前のように行われている。それらはすでに立派な連携ではないか。そうした定例的・日常的な情報の共有、意思疎通を主な目的とする組織は、もちろんそれぞれの狙いがあるが、同時に、そうした意思疎通などがベースとなり、急に発生した課題への連携した対応が容易になるといった、いわば「連携が連携を生む」ことがよくある。

緊急事態――耐震強度偽装事件での連携

緊急事態への自治体間連携で心に強く残るのは、２００５年11月半ばに発覚した「耐震強度偽装事件」である。[注11]

東京23区でも事件に絡む多くの物件が明らかとなり、事件の発覚直後から年明けにかけて被害者である住民はもとより筆者らにも厳しい対応が迫られた。

偽装物件の住民、所有者などには、行政職員に見当がつかないほどの衝撃、憤りがあったと思う。各区のトップにも被害の実情を把握したい、対応を見極めたい、との強い意向があった。区議会でも同様であった。

偽装した建築士、それを見抜けず建築確認を行った民間の確認検査機関、施工会社、物件（大半が分譲マンション）の販売会社には猛烈なバッシングがなされたが、23区の建築行政にも批判が向けられた。当然と言えば当然である。

そんなとき、Z区の建築行政を担当するW部長が事件に関連する――設計、施工、販売など、事件に関わる物件の所在が明らかとなった――他の区に対し、連絡会議の結成を呼びかけたのである。つまり、緊急事態へ連携して対応しよう、との提案である。

杉並区でも関連の集合住宅が10件ほどあることが判明していたが、どれが耐震的に危険なレベルにあるのかも、実は分からなかった。そこで、担当の部長職である筆者は呼びかけに即刻呼応することにした。構造強度の偽装という前代未聞の違法行為に驚くとともに、人びとの住まう集合住宅の耐震改修が現実に可能なのか、建て替えしか対策がないのか、などを思いめぐらしたのである。同時に、杉並区にも激しいバッシングがなされることを予想した。

連絡会議――まず、情報の共有を図る

この連絡会議（正式には「構造耐力偽造問題関係特別区連絡会議」）には、23区のうち7～8区が参加したと記憶する。同様の危機感を他区の担当者ももっていたのだ。関連の案件は、全国で2百件余り、都内では80件余りあるとされ、そのうち偽装が認められたのが都内では30件余りあるなど、相当数に上っていた。

例年11月から12月にかけては、各区とも議会の第4回定例会が開催され、連絡会議での話し合いは夜間しかできない。そのため、最初の連絡会議は、Z区で11月28日の19時から始まり、20時半頃まで行われた。筆者は構造分野に詳しい建築課長と同行した。事件発覚直後の警察当局の捜査やメディアの「過熱報道」が最も激しかった翌年1月半ばまでの短い間に3回の連絡会議が開かれた。

連絡会議では、各区の建築確認や着工などのデータ（偽装物件の数、種別、規模など）にもとづき、当面の住民、権利者への説明会、今後の取り組みなどに関して活発な議論が行われた。注12
不幸中の幸いと言えようが、杉並区内に所在する物件はいずれも耐震的には大きな問題がないことが分かり、胸をなでおろした。筆者らの報告を受け、区のトップや議会サイドもひとまず安堵した。他方、たとえば、Z区には耐震強度が規定を大幅に下回る危険な分譲マンションがあること、建て替える場合には住民の多くが2重ローンに苦しむ事態になりかねないことも改めて知った。

連絡会議では、偽装物件の全体像を共有するとともに、当該物件の住民をはじめ、関係者への対応をできるかぎり早めることも確認し合った。住民への説明で欠かせない内容、議会への報告、メディアへの統一的な対応などを含めてである。また、事件発覚のきっかけとなった民間の確認検査機関の業務責任のあり方について、その責任をもっと強める法改正が必要ではないか、との要請を都、国交省に対し行うことも検討している。

メディアもしだいに落ち着く——事件のその後

事件について、メディアは、設計者などへ——後に「過熱」あるいは「過剰」な報道と批判されるほどの——激しいバッシングを連日のように展開した。連絡会議の構成メンバーにもそうした矛先が向けられたが、連絡会議での検討をふまえた情報の共有や統一的な情報の公開に努めたことにより、しだいに冷静な受け答えに落ち着いていった。

筆者は、それまで杉並区の建築主事を(他の部門への異動期間は別にして)10年余り経験していたが、事件はまさに建築確認事務の虚を突くものだった。そんなやり場のない思いが連絡会議への参加でいくらかではあるが和らいだのも事実だ。

事件は、2006年秋にA元建築士の公判が開始されたのをはじめ、その後、数年にわたり民事訴訟も含め、多くの関係者への判決が下された。また、事件をきっかけに建築基準法、建築士法が改正され、一定規模の建物の確認申請には、新たに構造設計1級建築士や設備設計1級建築士のチェックが必要とされるに至った。事件の影響は極めて大きい。[注13]

連携を呼びかけたW部長に感謝

事件の発覚後、あまり時間を置かずに連絡会議の結成、参加を呼びかけてくれたW部長、事務局を担ってくれた職員に深く感謝している。

連絡会議に集まったメンバーは、23区の建築担当部長会、課長会などでW部長とは顔見知りであるが、それぞれがとくに親しかったわけではない。23区の建築行政の担当部門のヨコのつながりはもともと強固で、[注14]情報の共有、意思疎通などを目的とする月ごとの部長会、課長会に欠かさず出席するメンバーが多い。そんな日常的なつながりが連絡会議の開催に大きく役立ったのである。

4　公民連携はWin―Winの関係で

避けて通れない公民連携

今日、基礎的な自治体で公（官）民連携は、PFI[注15]、指定管理、公設民営、事業提案など幅広く導入されている。

ここでは筆者が定年退職後、非常勤として、2年半携わった杉並区の指定管理制度を活用した区立杉並芸術会館「座・高円寺」[注16]の開館準備の経験を手掛かりに公民連携を考えてみたい。

劇場の建設をきっかけに、周辺地域の活力を高め、同時に劇場が賑わう――といった相乗効果を狙い、多くの関係者が力を合わせるのは、まさに参加・協働のまちづくりである。

高円寺から全国へ、世界へ魅力を広げる

自治体の文化行政、それを施設に投影させた美術館や劇場、コンサートホールの計画、設計、運営は、自治体職員（さらにはまちづくり職員）にとって経験がないのがむしろふつうである。そんななか、担当したのは、ＪＲ中央総武線・高円寺駅近くの区立杉並芸術会館（「座・高円寺」という名称は、まだなかった）の新築に伴う開館準備であった。[注17] 着工から2年ほど経ち、建物の全貌が現れてきた時期だ。

それはまず、劇場としての舞台装置や観客席、ロビーなどを最終的にしつらえることである。また、公演のスタートの前に予定しているオープニングセレモニーの準備を整えることである。さらに、区立劇場にふさわしい一連の優れた――心躍るような話題性に富む――プログラムを指定管理者、芸術監督と一緒に方向づけることである。区長も並みの劇場ならつくる必要はない、との趣旨をいろいろな場面で表明していた。

高円寺は、吉祥寺、国分寺と並び、ＪＲ中央線の「三寺《さんでら》」と呼ばれ、それぞれ独自の歴史や若者文化を育んできたまちの一つである。ことに高円寺は、フォーク、ロックのライブで知られており、著名なミュージシャンを輩出してきた。また、高円寺の阿波おどりは百万人に及ぶ観客が集まる夏の一大イベントに育っている。若者向けの古着店が数多く構え、周辺区市からの来訪者で賑わって

いる。そんな高円寺に新たな文化拠点――多くの区民が誇れるような高いレベルの劇場――をつくり、さらに強いプラスのインパクトを加えることができれば、と区長、区議会をはじめ、多くの関係者が期待したのだ。

指定管理者と地域協議会を立ち上げる

ところで、指定管理者は、筆者が携わるより半年ほど前にプロポーザル方式を経て決定し、運営の準備に動き出していた[注18]。

かねて区は劇場のあり方について専門家グループである一般社団法人日本劇作家協会のアドバイスを受けていたが、そうした専門家集団との提携が開館のために、また、その後の運営にも欠かせないと考えたのだ。そこで、劇作家協会のアドバイスを活かし、新たに設立された「NPO劇場創造ネットワーク（CTN）」を指定管理者に選任したのである。そうこうしているうちに、区立劇場の名称が公募を経て「座・高円寺」と決まった。

筆者ら区の担当部門[注19]は、指定管理者、芸術監督と話し合い、区立劇場の運営に地元高円寺の人びとをはじめ、広く区民の参加と協働を進めるため、「座・高円寺地域協議会」（以下「協議会」）を立ち上げることとした（図4）。

この協議会[注20]は、区と指定管理者、芸術監督、地元の町会、商店会などの役員など高円寺の人びと

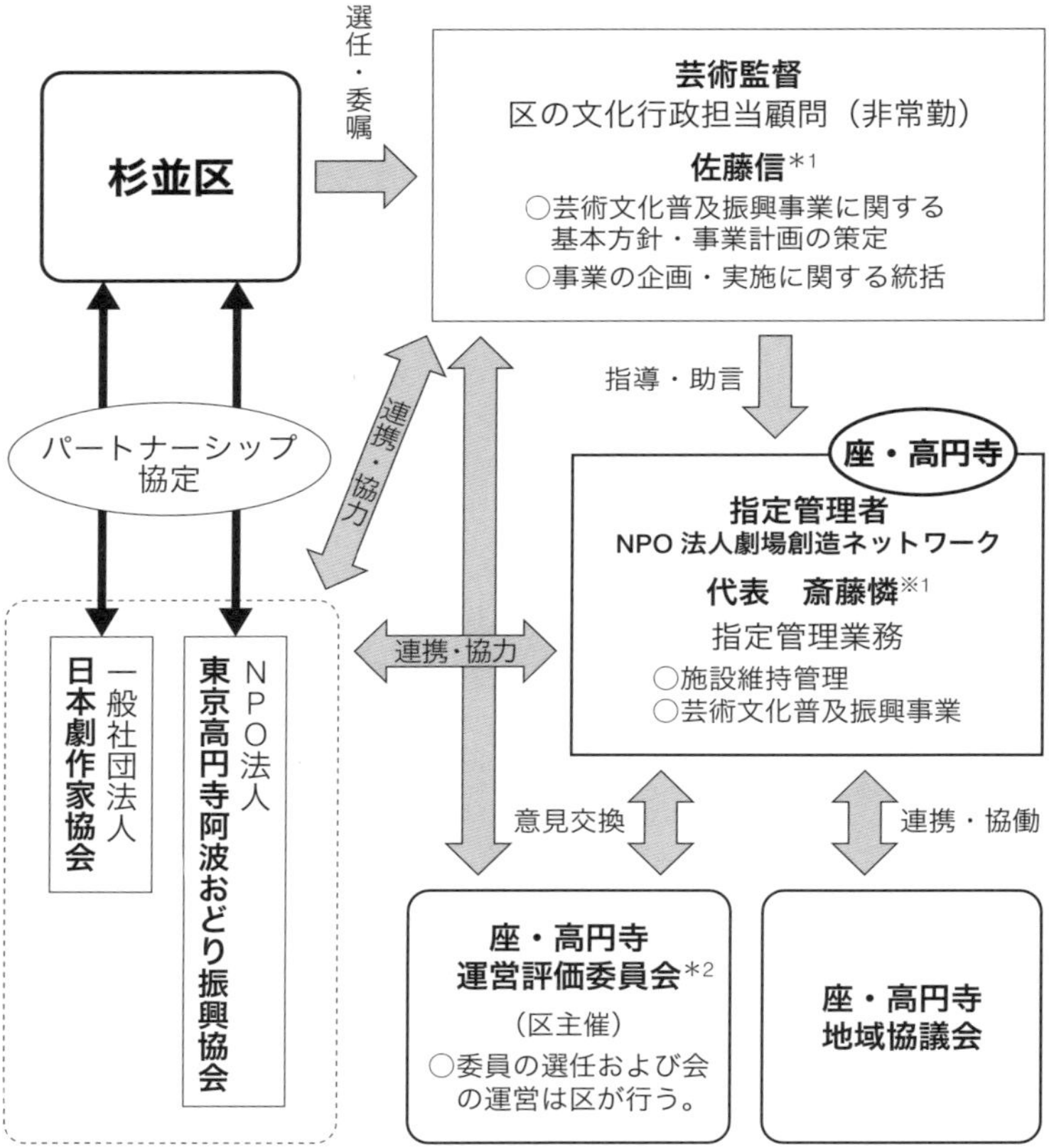

図4　杉並区立芸術会館　座・高円寺の運営体制（2009年5月現在）
（杉並区の資料をもとに筆者が作成）

＊1　2024年1月現在、芸術監督はシライケイタ氏、NPO法人劇場創造ネットワーク代表はマキノノゾミ氏となっている。

＊2　後に「運営懇談会」となった。

と「高円寺が好きだ」「劇場を応援したい」という多くの来街者とを結びつけるプラットフォームとして位置づけた。区の広報で委員を募ったところ、30名ほどが集まってくれた。

一方、協議会の活動をフォローするため、区では商業振興、道路、みどり、まちづくり推進、営繕などの関係課による連絡調整会議を組織した。まちでは、座・高円寺のオープンをきっかけに、大道芸大会の企画が話題になっていたし、区が高円寺駅から座・高円寺までの歩道を広げる計画がほぼ決定していたという事情もあった。

ふさわしい人びとが集まった

協議会の運営規約の素案は、いくつかのまちづくり協議会の事例を参考にした。区のトップの了解を得た後、最初の協議会に提案し、全会一致で決まった。会長には地元の町会の会長が、副会長には商店会の会長が推挙された。阿波おどり振興協会（正式には「NPO東京高円寺阿波おどり振興協会」）の代表も参加してくれた。それぞれ人望の厚い人びとだ。

指定管理者からは斎藤憐代表、事務局長格の桑谷哲男氏が参加した。嬉しかったのは「高円寺が好き」という井の頭線沿線の区民が参加してくれたことだ。

協議会は、座・高円寺がまだ工事中であったため、少し離れた出張所の会議室で開かれた。佐藤信芸術監督が構想するプログラムを説明し、議論に供したのを手始めに、仕上げ工事の最中である建物内部の見学を行ったほか[注21]、地元の町会・商店会との連携による数年前から始まっていた秋の「高円寺フェス」の拡充や5月の「高円寺びっくり大道芸」の新規開催と協議会メンバーの支援などについて熱のこもった話し合いが続いた。協議会での議論は、中長期にわたる運営方針から、バス停の名称変更[注22]までに至る幅広いテーマであった。

オープニングセレモニーの基本的な展開については、指定管理者と芸術監督に委ねるが、その中のいくつか、たとえば、阿波おどりなどまちの人びとの出演については協議会でも協力することになった。座・高円寺が当初の予定どおり地下2階に「阿波おどりホー

開館直前の座・高円寺
『建築ノート』第3号（誠文堂新光社）の写真撮影にまちの人びとが協力（2009年2月）。（写真：Daici Ano）

ル」と名づけた阿波おどりの練習場を設けたこともあって、阿波おどり振興協会の協力を得ることが確定した。[注23]

指定管理者との激しいやり取りも

ところで、筆者らは開館までの2年ほどの準備期間に指定管理者、芸術監督などと議論を重ねた。その主だったテーマは、舞台空間の具体的なあり方から、内部の仕上げをはじめ、専門家が求める音響、照明、座席、家具・什器など数多くの装置や機器材にわたるものである。それらは、区の限られた予算と「演劇に命を懸けてきた」という指定管理者の斎藤憐代表をはじめとする専門家や芸術監督が求めるベストなものとの調整がほとんどである。厳しいやり取りがあったのは、たとえば、2階のカフェのあり方もその一つだ。筆者らは慎重論、指定管理者は積極論、と意見が正面からぶつかり合った。区の財政部門を納得させるには、担当職員がまず納得する必要があるからである。

専門家らは当初、筆者らを「また、ケチってつまらないものに押し込めようとしている」「分からずやの区職員ばかり」と受け止めたかもしれない。しかし、率直な意見交換を繰り返すなかで、筆者らが財政部門に対し、当初の予算枠を何とか超えられないか、と真剣に折衝していることなどがしだいに理解されたようだ。また、意見の違いは違いとして、開館が近づくなかで、何とかまとめるしかない、と諦めてもらったのも多い。

建物としての座・高円寺がほぼ完成したのを見計らい、杉並区の建築家グループが子どもたち向けに見学会と建築家・伊東豊雄氏のトークイベントを企画・実施してくれた。たいへん心強かった。

華やかなオープニングセレモニー

オープニングセレモニーの日（2009年4月26日）は幸い晴天となった。しょっぱなに劇場から阿波おどりのグループが華やかに正面広場に繰り出した。続いて民謡愛好団体がひと踊り。1階の舞台では山本東次郎氏の祝舞・三番三《さんばそう》、ねじめ正一氏による創作詩「高円寺の子」の朗読、さらに渡辺えり氏のトーク、と続いた。これらのプログラムは、佐藤信芸術監督、指定管理者の斎藤憐代表の采配によるものであった。

座・高円寺に各方面の招待客や地元の有力者、区長、区議会議長や協議会の委員などが参集。地元の商店会、

座・高円寺地域協議会
面白そうだ、とみんなが集まった（2008年9月）。

町会の人びとをはじめ、たくさんの区民や関係者が祝福してくれた。筆者ら開館準備を進めてきた区の職員はセレモニーが多くの人びとの協力を得て成功したことに安堵し、この間の指定管理者や芸術監督、アーティストの努力に深く感謝した。また、ときに彼ら専門家と激論を交わしたことを思い出し、感慨無量であった。

まち・地域の人びととの新たな交流と連携

座・高円寺の地下2階の阿波おどりホールは、阿波おどりの拠点としても位置づけられている。地下2階の阿波おどりホールは、ほぼ毎日のように地元の阿波おどりのグループ（連《れん》）が練習している。8月末の高円寺阿波おどりの開催日には、座・高円寺1あるいは2を利用して舞台向けにアレンジした踊りを披露している。

阿波おどりのほかに、座・高円寺の開館をきっかけに「高円寺びっくり大道芸」、高円寺フェス、「演芸まつり」などがレベルアップ、あるいは、新たな催しとして生まれた。いずれも協議会のメンバーやまちの人びとと座・高円寺との連携が生み出したものである。

最近の5年ほどの間、座・高円寺2では、地元の元商店会長（協議会の主要メンバーの一人）Yさんがリーダーとなって「ふる里劇団 演劇なかま高円寺」を立ち上げ、高円寺のまちをテーマにした創作に取り組んでいる。2023年度の演目は『わが町高円寺 阿波おどり前夜』。地元の元気な高齢者、高校生、ハンディキャップがあっても頑張っている劇団員などにより、3日間の公演を行った。阿波おどりが60数年前に始まった頃、「馬鹿おどり」と呼ばれながら無我夢中でまちを元気に、と祭りを立ち上げた人びとの泣き笑いである。

指定管理者から年に2回発行される新聞形式のコミュニケーションマガジン『座（・高円寺）』も演目の紹介は5分の1程度に抑えた紙面構成で、高円寺で活躍している商店主、芸人などさまざまな人びとを生き生きと表現して見事だ。

次代の演劇人を育てる・子どもたちへの働きかけも

高円寺にこだわる一方、座・高円寺は、芸術監督の広い交流の産物であろうが、海外の劇作家とのコラボレーションを含め、意欲的な演劇やダンス、さらにドキュメンタリーフェスティバルの開催などに取り組んできた。「学校招待公演・劇場へいこう！」として区内の小学校4年生全員を招いて観劇の機会を提供し、次代を担う子どもたちにライブの舞台に馴染んでもらおう、というのも画期的な試みである。

また、2年制の「劇場創造アカデミー」を設け、俳優、照明、音響、衣裳など舞台芸術の担い手となるスタッフの育成にも力を入れている。[注24] 舞台を観るのとは少し異なるが、たとえば、子どもたちへの絵本の読み聞かせワークショップ、地元商店街との連携による「座の市」、障害のある人びとによる作品の展示などに取り組んでいる。世界に向け発信できる劇場を、との区の基本的な狙いはもちろんのこと、開館準備を担当した筆者らの思いも十分に汲まれているように感じる。

早期の指定管理者決定が大きな効果を生んだ

指定管理者や芸術監督など専門家との個別・具体的な協議は簡単に整ったのではない。区と指定管理者の業務契約は、施設の維持管理に関しては細かに記されてはいるが、舞台をどう運営するかなどは、大枠を定めたものだ。つまり、指定管理者の自由度が高い。逆に言うと、区と指定管理者との信頼関係がなければ好ましい成果は望めない。

それだけに、座・高円寺の場合、区が指定管理者をプロポーザルを経て早期に決定したことがとても大きい。それによって余裕をもって指定管理者の知見、人脈などを劇場空間の構成、設計、運営などに反映させることが可能となった。あわせて指定管理者が区の考えを知り、担当職員との信頼関係をつくる機会が増えたからである。

また、幸いにも、先に述べた協議会や阿波おどり振興協会や日本劇作家協会、区内外の専門家・研究者など多様な人びとの参加・協働を得ることができた[注25]。そうしたなか、信頼関係をもとに指定管理者、芸術監督はもとより、設計者、そして工事施工者との率直かつ緊密な協議を行えたことに深く感謝している。

専門家へのリスペクトを忘れない

以上のような話し合いを続けるなか、区の担当職員は意見の相違はあるにせよ、常に専門家をリスペクトしていた。筆者も職場で、ことあるごとに立場の違いを相互に認め、リスペクトし合うことの大切さを語り続けた。

建築工事を区としてマネジメントする営繕部門の職員も、きめ細かに設計者サイドと話し合い、好ましい協働ができていたようだ。注26 座・高円寺の設計者である伊東豊雄氏がどこかでそうした感想を述べていたと聞き、専門家との好ましい連携・協働を実感した記憶がある。

以上のような座・高円寺の開館準備にあたっての公民連携は、行政のめざすものと専門性から指定管理の仕組みを導入せざるを得ないケースである。本節の冒頭に述べたように、今日では指定管理を筆頭に公民連携を広く取り入れる事業が多い。そうした状況のもと、肝心なのは、公・民が「Ｗｉｎ－Ｗｉｎ」となる関係である。立場や専門性を超えた信頼関係がベースとなるような双方の努力が欠かせない。

第5章
議会・議員・審議会へしっかり対応する

議会・議員への対応はときに、叱られ、ほめられ、慰められ、である。議会・議員をリスペクトするとともに、審議会などと、まちづくり職員としてスジの通った関係を築いていこう。

1　議会・議員の動向に敏感になろう

4年ごとの「採用試験（選挙）」

地方議会の議員に当選するには、何票獲得すれば良いのだろうか。

筆者が長年勤務した人口が約57万の杉並区（議員定数48）だと少なくとも2千5百、住まいのある人口15万（議員定数22）の狭山市では千5百ほどを獲得しないと当選確実とは言えない。[注1] そうした得票数だけを考えても、議員となって活動を続けるためにはたいへんな努力がいることが分かる。

そんな理由から、議員と話すと「4年ごとに採用試験を受けている立場だから」とよく言われる。たしかに、（国政レベルでも同様であるが）議員は厳しい仕事だと思う。知人に選挙の際、政策を訴える以上に、やたらと頭を下げるのが嫌で市議会議員を辞めた、という元議員がいる。多くの有権者の支持を受け、投票に結びつける――力を備えている――だけでも議員、その集まりである議会をまずはリスペクトする。

議会・議員の動向に敏感な職員になろう

そのうえで自治体職員として、議会での審議、議員の主義・主張、活動のありようなどに誠意をもって対応したい、というのが筆者の基本的なスタンスである。

ところで、議会ではまちづくりばかりが論じられるのではない。区民の生活に関わりのある幅広いテーマがあるのはもちろんである。そうした前提に立ちつつ、本書の趣旨にふさわしい議会・議員との「好ましい関係」「正しい対応」を筆者なりにまちづくりに引きつけて考えてみたい。

まず、まちづくり職員が課長や係長に就任したとしよう。仕事のフィールドが広く、より政策的となるにつれ、議会や議員との関わりが増え、それがいっそう大切になるのは誰もが理解できるだろう。そうした関わりを自治体のトップの意を体してしっかりとこなすのは結構むずかしい。

自治体の議会（ふつうは本会議）での答弁の案をつくったり、委員会で答弁したりする職員は自治体によって違うが、多くの場合、課長である。そうした課長をサポートして答弁書の案や資料の作成に携わるのは係長や係員である。したがって、係長、係員を問わず、職員が議会の動向にふだんから関心を払っている、いない、では職場の力量に大きな差が出てくる。

本書で述べるように、まち・地域の多様な主体の参加と協働により、まち・地域の特性を十分にふまえたうえで、必要な事業の予算措置を行い、ときには条例の制定や改正などの制度的な枠組みを新たに定める必要がある。それには、議会、つまり、多数の議員の賛同を得る必要がある。まちづくり職員は議会・議員の動向に関心をもたざるを得ないのである。

行政職員としてのケジメを

議会・議員への対応は、本会議や委員会だけではない。窓口へ議員が住民とともに相談に訪れたり、まち・地域での話し合いに議員が参加、あるいは傍聴することもある。そうしたとき、いつものように丁寧な対応をするのは当然である。また、まちづくりの進捗状況の報告や議会への上程予定の議案などについては、適当な時期に担当の課長が関係議員を訪ねて説明し、理解を求めるといったことが必要な場合もある。

とはいえ、職員側があくまで首長のもとで組織的に行政を執行する側であること、つまり、議員とは基本的に立場が異なることからケジメが欠かせない。「言うは易く、行うは難し」という現実もあろうが、通すべきスジは通す、との頑張りも、自治体職員、とりわけ管理職や係長には求められる。

行政トップの関知しない、組織的なフォローを抜きにした職員の勝手な動き——たとえば、ある特定の議員を相手に、控え室にしょっちゅう出入りする、特別に資料・情報を提供する、議会の会期中にプライベートな付き合いを重ねる——などは、好ましくない。トップから厳しく咎められることもあろうし、他の議員や会派からはアンフェアではないか、との批判をまぬがれない。

残念に思った議会・議員（会派）の対応も

筆者が杉並区に採用された1970年代半ばは、杉並区でも独自のまちづくりの取り組みは、まだこれから、といった状況であった。それでも、80年代に入ると住民参加や協働が模索され始めた。当時、議会・議員はどうであったか、と尋ねられれば、保守・革新を問わず、参加・協働のまちづくりへの理解が十分とは言いがたい状況であった。参加・協働のまちづくりが実践から立ち上がり、進化（深化）してきたことからすると当然とも言える。

それでも、残念だと思う議会・議員（会派）の対応がある。誤解を恐れず言えば、ある会派は、保守区政のもとでの施策への賛同を潔《いさぎよ》しとしないからか、あるいは事業自体の「欠陥」を看過できないからか、区が取り組む（いわゆるハード系を中心とした）まちづくりに批判的ないし距離を置くのが常のようである。ことに都市計画道路の整備や市街地再開発事業、土地区画整理事業などが絡むケースでは、賛同を得るのがむずかしい。それは考えの違いであったとしても、問題は、その会派がどのようなまちづくりを是としているのか分かりにくい、ということである。

筆者は70年代半ばに民間から杉並区職員に転じたのであるが、70年代後半までに区内での小規模な区画整理事業や駅前の市街地再開発事業などに係員として携わった。80年代初めには同じく係員として筑波移転後の蚕糸試験場跡地や気象研究所跡地周辺の不燃化まちづくりを担当した。ことに二つの跡地周辺地区の取り組み、つまり数年にわたるまちづくり協議会などを通じた住民参加、修復的な防災まちづくりについても、[注2] その会派からは、それらの地区での地区計画建築（制限）条例に罰則があるのには反対であるとの理由に加え、審議が十分でない、と賛同を得られなかったことを思い出す。[注3]

一方、筆者が課長職となってしばらくしてからであるが、ある保守系会派のベテラン議員からは、議会で批判的な質問を受けたこともある。それを次節に述べよう。

2 厳しく批判されることも、励まされることもある

筆者が、杉並区で随一ともいえる良好な住宅地区において、みどり豊かなまちの魅力を維持・増進しようと、数年の間、まちづくり協議会を軸に住民と話し合いを重ね、その成果を区の施策に盛り込もうと頑張っていた頃である。

ちょうど予算特別委員会が開催されたのは、地区のまちづくり全体の枠組みと修景整備事業の骨子、さらに、それらを担保する地区計画の都市計画決定が整い、地区における建築物の制限に関す

る条例案を上程する時期であった。

　そんななか地元の不動産業界の一部から、たとえば、敷地の細分化が規制されては困る、新たな規制でビジネスがむずかしくなる、地価が下がる、との異論が出されたのである。[注4]

参加・協働のあり方について懐の深い質疑を

　議員の質問は、そうした異論を反映したものであるが、筆者らは良好な住宅地区（それゆえ、地価はけっして安くはない）の環境・景観を、当該業界はどのように評価し、維持・増進しようとするのか、問いたくなった。

　結局、区側の取り組みが議会で了承されたのであるが、質問した議員は、さらに追及することなく、会派の方針を受け入れたと聞く。議員自身、業界の一部の異論を全面的に是としていたのではなかったのかもしれない。発言はときに厳しいが、けっして了見の狭い議員ではない。

　議会の場で行政の職員に意見を述べるのは、議員の権利であり、かつ、欠かせない活動である。しかし、二つの筑波移転跡地の防災まちづくりの事例[注5]と同様に、数年にわたる地元での話し合いと並行して、折にふれ、当該地区のまちづくりの趣旨や進捗状況を議会の所管委員会などを通じ報告し、行政としては議会・議員の意向をできるかぎり取り入れようと努めてきた事案である。そうした経緯をふまえたうえで、保守、革新を問わず、まちづくりの趣旨、具体的な内容、さらに参加・

協働のあり方を問うような懐の深い対応が可能なのでは、と感じたのが正直なところである。

長老議員の厚意に感謝する

それでも議員に心から感謝した経験も多い。以下はその一つである。

私が新米の課長だった頃だ。ある地区で参加、協働のまちづくりを進めようと呼びかけを続けたのであるが、筆者の知らない過去の行政に何か問題があったのか、行政への反発が強く、なかなか話し合いの場ができなかった。数年間の取り組みを重ねた挙げ句、予算案の審議などを控え、この地区のまちづくりの行方が極めて不透明となり、いっそのこと、まちづくりの取り組みを諦めるかどうかという瀬戸際に立ち至ってしまったのである。

このとき、与党の長老議員が控え室に筆者を呼び「何かできることがあるか。あればぜひ協力したい」と言ってくれたのである。ヘタをすれば地元の住民から反発されかねない申し出である。ふつうは、選挙の厳しさから、たとえば「まちづくりが頓挫し賛同を得られなくても、反発される(恨まれる)よりはベターだ」とする議員にとってはリスクの高い行動である。

筆者は、改めてゼロベースで地区のまちづくり協議会の結成を呼びかける決意である旨を説明し、丁重にこの申し出をお断りしたのであるが、数十年にわたる管理職生活で、このときほど長老議員の申し出をありがたく感じたことはない。

簡潔・丁寧な対応を崩さなかったM区長

保守、革新などそれぞれのイデオロギーからくる政策の違いは厳然とあるだろう。また、そうした政治の環境は目まぐるしく変化している。そんな状況を反映してか、杉並区では最近いわゆる「一人会派」を含め、会派が数多くに分かれている。区のまちづくりへの評価もさまざまであることは理解できる。しかし、行政への批判は批判として、言いっぱなしでは困る。まちづくりは1、2年で結果が出るというケースは少ない。みずからの主張の行方については、任期はもちろん、それ以降もしっかりフォローしてほしい。

自治体における具体のまちづくりでは、会派の立場ばかりでなく、それを超えてまち・地域がどうしたら良くなるのか、行政、議会・議員が知恵を出し合うことが必要ではなかろうか。

そんななか、区議会の委員会での質疑で思い出すのは、与党・野党、議案への賛成・反対を問わず、質問する議員に簡潔・丁寧な対応を崩さなかったM区長のことだ。いわゆる「助役上がり」の区長である。「私は、どの会派であってもできるかぎり分かりやすい、丁寧な答弁を心がけている」と新任管理職の研修などでは明言していた。これには異論もあろう。みずからの施策に真っ向から反対する会派には「そっけない答弁で十分だ」と考える首長がいてもおかしくないからだ。たしかに反対会派からは首長へのあからさまな批判・攻撃もある。それでもM区長の野党といわれる会派への対応は一貫していた。これこそ議会・議員をリスペクトする姿勢にほかならないと思う。

互いに背筋の伸びるような取り組みを

当然ながら自治体職員は、議会の審議や個々の議員の活動へは真摯に対応することが欠かせない。ことに議会の予算、決算審議などでは、みずからの仕事の目標、課題、取り組みの基本的な数値――たとえば、事業実績――などは、質問通告の有無にかかわらず、しっかり整理して臨むことが必要である。それは同時に仕事の評価をみずから改めて行うことでもある。

自治体の運営は、行政、つまり、首長以下の執行部とそれをチェックする議会との『相互牽制』から成り立っている。また、行政と議会は、自治体運営の「車の両輪」である、とも言われる。より安心・安全で魅力あるまち・地域を実現するため、互いに切磋琢磨し、いっそう質の高い区政、「緊張ある協力関係」を築いていければ幸いである。

3　都市計画審議会は形式的でも演説会でも困る

都市計画審議会がシャンシャン会議で良いのか

筆者の現役時代には、都市計画審議会（都計審）への議案を上程する部門に所属した。また、ときに事務局の一員あるいはリーダーとして携わった。[注6] また、定年退職後しばらくして住まいのある埼玉県狭山市で委員に就任したこともあり、さまざまな思いがある。

そんな都計審の関わりのなかで考え、学んだことは多々ある。

都計審で活発な議論を、との考えについては「何も活発でなくてもかまわないのでは」、あるいは「自治体サイドが提案する議案がすんなりと通れば、良いではないか」との意見もあろう。しかし、筆者は、当該の議案が委員によく理解されていること、そのためには限られた時間のなかであっても活発な議論がなされることがだいじだと考える。そもそも15人から20人もの委員で構成される都計審が、異論・質問のほとんどない、いわゆる「シャンシャン会議」ばかりではその意義を疑われかねない。

できるかぎり分かりやすい資料を

そこで、都計審の議案については、建築審査会（第5章4節）で述べるのと同様、熟慮を重ね、練り上げた議案であることがだいじだ。そのうえでの話であるが、まず、都計審の議案はできるかぎり分かりやすいものに、と議案の所管部門、また、事務局の職員へ求めたい。

都計審では、まち・地域のあり方そのもの（都市計画マスタープラン（都市マス））から土地利用計画（用途地域など）や道路、河川、公園・緑地、上下水道などのインフラ整備、市街地再開発事業や土地区画整理事業など、広い範囲の課題を審議する。

したがって、都計審に向けて準備する資料は、議案によってかなり異なる。自治体の首長から諮問される議案には、都市計画決定の告示に用いる図書（計画書と図面）が必須であるが、これに説明資料が添付されるのがふつうである。たとえば、自治体の都市マス、都市マスに示されたまち・地域の整備方針と議案との関係、地元住民の意向や対応の経過、さらに、事業であれば、完成予想図や工事スケジュールなどである。こうした議案と添付の資料は、できるかぎり分かりやすく委員に提供される必要がある。

複雑な面的な整備計画についての議案

多様な都計審の議案のなかでも、道路や公園・緑地の整備計画など、インフラ単独の整備に関する議案は比較的理解しやすい。ところが、ヘクタール単位の面的なまち・地域の整備は、その事業主体が公・民のいずれかを問わず、複雑な議案となることが多い。たとえば、市街地再開発事業や土地区画整理事業、工場跡地の住宅市街地化や企業グラウンドの土地利用転換などは、当該地区の用途地域の変更や地区計画の決定、関連する公共施設の整備が絡み、学識経験者も含め、多くの委員が理解するのが容易ではない議案である。

かつて筆者が関わった住民をはじめ、まちに関わるさまざまな主体の参加・協働を得て取り組む修復型の防災まちづくりでも、[注7] まちの将来イメージ、生活道路網の拡幅整備や地区計画と合わせた容積率、建蔽率の変更、防火地域への指定替えなどを盛り込んだが、なかなか理解するのがむずかしい。加えて、国、都道府県、市区町村の補助制度などとの組み合わせがビルトインされている。都計審でも、ふだん都市計画の仕組みに馴染みのない委員は、質問、意見の言いようがない、というのが本音だったのではないか。

もっとも、そうした面的なまちづくりの事例は、毎回のように都計審へ上程されるような議案ではない。こうしたケースは、1回の会議で諮問がなされ、都計審の結論を求められることはなく、事前にまちづくりの趣旨、経過などに関する説明がなされ、現地の視察と質疑、それらをふまえた審議が行われ、結論を得るのがふつうである。そうした一連の過程で委員から事務局や所管部門へ資料の追加についての要望が出されることもある。

要は、都市計画の仕組み、都計審の役割などが人びとに案外知られていない、ということ念頭に置き、できるかぎり理解を得るような姿勢で取り組むことである。

委員の知見を高める機会を

都計審の委員は、学識経験者、議員、関係各界から推薦された委員、さらには公募の委員、と多様である。なかには都市計画の仕組みについて馴染みのない委員がいるのがむしろ当然である。

そこで、自治体の都計審の運営に関する取り組みとして、新たに都計審の委員に就任した場合、あるいは希望のあった場合、一定の基礎的な都市計画の仕組みや都計審の役割などを学ぶ機会を設けられないか、と考える。

すでに「うちではやっている」との自治体もあるかもしれない。委員の定数や構成、任期は、自治体の条例で定められているが、「任期は2年、ただし再任が可能」としているのが一般的である。2年はそう長い期間ではない。議員の委員は議会や会派の都合で年度ごとに替わることもしばしばである。したがって、じっくり勉強する余裕はない、とする見解もあろう。しかし、それは方法にもよる。今日、参考書はいろいろある。それらを活用するなど、当該自治体に引きつけて、的確にレクチュアできる人材はけっして少なくないのではないか。我田引水になるのを避ける意味からも、自治体のまちづくり職員だけでなく、研究者、ＮＰＯなどにも視野を広げ、何回かのシリーズで行うのも効果的だろう。

この「勉強」の重点は、まず、都市計画法の体系と都市計画審議会の役割、主要な都市計画の内容（土地利用、都市施設、市街地開発事業など）、その決定区分（都道府県か、市区町村か）と手順といった基本事項である。加えて、自治体固有の課題を意識したメニュー（道路や公園の整備、再開発事業、地区計画、建築制限）、さらに農林業との調整などが考えられよう。[注8]

活発な議論をするために——委員の協力も必要では

以上、都計審の活発な議論を期待する意味から、事務局あるいは議案の所管部門が果たすべき役割について述べた。これをあわせ筆者は、数年前まで狭山市の都計審の委員（会長）を拝命していたこともあり、委員や会長の役割についても記しておきたい。

狭山市の都計審の会議で隣にいた会長職務代理——音楽関係の催しをプロデュースするしっかりした女性——があるとき、「こんなことを質問しても良いのかな」とつぶやくのが聞こえた。そこで、筆者は「確認したいのですが…」と最初に言えば、どんな質問でも格好がつく、と促したことがあった。また、「初歩的な質問で恐縮ですが…」と言ってからでもOKだ、ともアドバイスした。それらは現役時代に先輩から学んだ手順の一つである。会長職務代理の質問はさすがに的確なものであった。

都計審では、委員定数の3分の1から半分近くを占める議員の発言が何かと多い。議会での発言と同じ趣旨を都計審の議事録にも残そうとの意図なのだろう。狭山市、そして杉並区の都計審でも限られた時間のなかで「議会でも主張しているように」と、発言を繰り返す委員（議員）がいる。発言を制することはできないが、あまり長くなるようなら、他の委員にも発言の時間を残すよう、適当に切り上げてもらうことも必要だ。

不規則発言を制した会長

杉並区の都計審では、ある議案に反対する周辺住民などが毎回のように十数名傍聴し、不規則発言を繰り返したことがある。それに同調する委員もいて、審議はなかなか進まなかった。まだ現役——当該議案の所管部長——の頃である。

そこで、筆者と課長、係長らは今後の進め方について相談するため、会長の事務所を訪ねた。会長の考えは明確だった。「何回でも良いから都計審を開催し、とことん議論をしよう。会議の進行については任せてほしい」と言うのだ。これは都計審だけでなく、広く会議の民主的な運営の基本に通じることである。筆者は、腹の据わった会長の考えに改めて敬服するとともに、運営の技術的な側面ばかりを配慮していたみずからを恥じた。

直後の都計審は、当該議案をめぐって審議が継続された。区側の説明が始まると、あいかわらず傍聴者から不規則発言が何度も行われた。会場は騒然とし、委員が活発に発言するどころではない状況となった。そんなとき、会長が大きな声で毅然と「不規則発言をさらに繰り返すのであれば退場願うことになる」と制したのである。都計審での充実した審議を進めるうえで適時・適切な措置であった。会長は、今は亡き黒川洸氏[注9]である。

4　いっそう信頼される建築審査会・建築行政を

ここでは、まちづくりに関わる行政の付属機関である建築審査会[注10]（以下「審査会」という）と、その個々の建築活動への影響、また、自治体の建築行政がよりいっそう信頼されるよう、日頃感じている点について述べたい。

議案はまち・地域の歴史を反映している

筆者は、杉並区の審査会（委員は5名。加えて専門調査員1名で構成）の委員をここ10年ほど務めている。そのうち、最近6年は会長として運営に携わってきた。原則として月に1回の会議があるが、審査請求など複雑な議案があると月に2回開催することもある。

議案でいちばん多いのは、住宅の接道の要件に関する建築基準法のただし書き許可（第43条第2項第2号）の同意である。これは年に30件ほどある。東京23区の西端に位置する杉並区は戦後、計画的な道路網の整備に取り組むことなく急激に市街化した地域が広がっているためである。このほか、東京都や区が建て主である公共建築等の用途の例外許可（第48条第1項など）や高さの例外許可（第55条関係）への同意議案が5〜10件ある。以上のほか、建築確認などの処分を違法とする審査請求が関係者から提起され、審議、裁決が求められる案件が年に1〜2件ある。

杉並区建築審査会の現場視察（2022年8月）

接道の例外許可に関する議案は東京の都心区などではゼロに近い。このことからも、議案はまさに土地柄やまちづくりの歴史を表していると言えよう。

ベストを尽くした議案を上程する

建築行政（建築基準法の「特定行政庁」としての役割）を担当する職員にまずお願いしたいのは、審査会へ上程する議案はいろいろな角度からのチェックを行い、十分練り上げた計画としてほしい、ということである。議案の内容はもちろん、関連の申請書や図面の分かりやすさなども含めて、である。これは、審査会だけでなく、行政職員の扱う案件すべてに通じる話である。しかしながら、審査会の議案は、一件ごとに異なる具体の建築物に関する問題であり、住民個々に直接、長い期間、金銭的な事情をも合わせ、大きな影響が及ぶことが多い。そんな責任を感じて取り組んでほしい。

審査会の審議は、案外シビアである。委員や専門調査員に弁護士や防災の専門家などが就任していることもある。議案について納得のいく審議、公正・公平な判断をめざそうとするのは当然である。

そうしたことから、とりわけ公共建築物——たとえば、第一種低層住居専用地域での区の事業所——の建設に際しては、いわば建て主サイドの所管部門、建築計画・設計をまとめる営繕部門、そして建築行政のそれぞれは、自信をもって議案を上程できるようベストを尽くしてほしい。

反対があったら同意しないのか

審議会に上程する議案に周辺から反対がないのに越したことはない。しかし、反対をゼロにするのは、今日多様化する価値観のなかでかなりむずかしいことは委員もよく承知している。反対している住民などへ何度も足を運び、理解を求める誠実な取り組みこそが基礎的自治体のまち・地域の人びとへの対応の基本である。

そのうえで、筆者は、少しでも反対があったら審査会が例外許可に同意しない、という考えにも与《くみ》しない。案件への反対がゼロであれば同意する、というのは、そもそも審査会の存在意義をみずから放棄するのとイコールだと思う。また、議案が上程される段階でも依然として反対の姿勢を崩さない住民がいるとしても、建築計画の内容、反対住民の主張、行政側（ここでは建て主）の対応の経過、周囲の状況などを総合的に見て、同意はやむを得ない、との判断はあってしかるべきである。

「住民が理解してくれない」と言ったら……

行政側の主張に納得しがたいケースもある。

審査会である議案について委員が「反対が結構あるが、どのような理由か」と質問したところ、建築主サイドの代表とも言える管理職が「私たちは一生懸命やっているが、住民が理解してくれない」と答弁したことがある。行政職員として苦労してきたこと、つまり、反対住民との厳しいやり取りがあったことは想像できるが、審査会でそれを言ったらNG――いわば負け、だ。委員や専門調査員の「目が点になる」ケースだ。

そうした場合、審査会は、継続審議が必要として、改めて可能なかぎりの計画の変更、あるいは反対住民とのさらなる話し合いを求めることがある。

それでも、計画の変更がこれ以上はどうしてもできないとなったとき、自治体職員は、審査会の場で、たとえば、「反対されている方々とはこれまで誠意をもって話し合いを重ね、建物の計画にできるかぎり反映してきた。残念ながら賛成は得られていないが、施設ができた後の運営についても、住民の方々の意見をお聴きし、可能なかぎり実現していきたい」と言い切ってほしい。

問題がすべて解決するわけではないのは当然だが、建設された公共施設の運営が実際にそのように行われ、施設がしだいに地域に馴染んでいくなら、それはそれで立派な住民の参加・協働のまちづくりに通じる仕事のあり方ではないだろうか。[注11]

建議の大切さ

最後に、審査会の権能の一つである建議について述べたい。

日々、接道に関する例外許可や公共建築の用途や高さに関する例外許可などの議案に接し、また、建築確認処分などへの審査請求に対応しているなかで、ときに審査会として国、都道府県、あるいは身近な自治体へ建議すべきとする事項が浮上することがある。

思い起こすのは2018年、長屋の接道要件が厳格化されたことである。

これは、東京23区の北東部に位置する足立区の審査会が中心となって、国、都へ建議し、建築基準法の一部改正と都の建築安全条例の改正が実現した好例である。背景には23区の周辺区などで路地状敷地（旗竿状敷地）への「3階建てなど極めて高密な長屋」の建設が相次ぎ、近隣住民とのトラブルが頻発した事態がある。注12

そうした3階建て長屋を阻もうと、近隣住民から審査会への建築確認処分の取り消しを求める審査請求が提起され、棄却されるなどの経緯もあった。審査会もこうした「3階建て長屋」を「適法＝違法とは言えない」とする一方、好ましくないと受け止めていたのであろう。そうした事態を打開する先頭に立った足立区の審査会と建築行政の関係者などの努力は並大抵ではなかったはずである。

第6章 メディアとどう付き合うか

ＳＮＳの時代となったとはいえ、なおマスメディアの即時的で広範囲に及ぶ報道は、社会全体への影響が極めて大きい。この章では筆者の経験をふまえ、どうメディアと付き合ったら良いか述べる。

1　メディアを毛嫌いしない

まちづくり部門には取材が多い

筆者は35年余りの役所勤めのなかで何回も新聞、テレビなどマスメディアの取材を受けた。伝える内容はとりあえず置くとして、とくにだいじだと感じたのは、メディアを怖《こわ》がったり、毛嫌いすることなく、誠実に対応する、という当たり前のことだ。

市区町村のまちづくり部門に新聞、ラジオ、テレビなどのメディアとの対応が求められることがよくある。他の部門たとえば戸籍事務や税務、年金・健康保険などと比べると話題となりやすい自治体独自の仕事が多いからだろう。まちづくりは、住民の賛成・反対の意思表示や行政へのクレームがはっきり出やすい分野である。さらに、昨今多発している自然災害やその復旧・復興活動の報道では、防災（自治体によっては総務）担当の職員の次に土木関係（広くはまちづくりの部門）がメディアの前面に立ち、被災状況や自治体サイドの取り組みを説明するケースが多い。

ところで、ふつう自治体では、メディアへの対応はそれぞれの事業部門が自由（勝手）に、というのではなく、必ず広報の担当部門を通じて行う、とされている。たとえば、自治体の側からメディアへの情報提供（パブリシティ）は、自治体の広報部門が窓口となっている記者クラブからいっせいに行うのが原則である。したがってあるメディアから取材の申し込みがあったときには、必ず広報部門に話を通しておくのが基本である。以下の話は、そうした手順をクリアーしているというのが前提になる。

内外から好評を得たテレビ報道

筆者の経験でも何ら問題なくメディア対応がスムーズに進み、行政の内外から好評を得たケースもあれば、取材を受けたものの、こちらの意図が十分伝わらないような不本意な報道がなされ、トップからも叱責された、というケースもあった。

前者、つまり、好評だったのは、もう30年ほど前になるが、当時はまだ珍しい景観まちづくりの取り組みで、住民と一緒に行ったミニコンサートのテレビ取材への対応である。

著名な音楽評論家O氏（当時、すでに故人であった）の洋風のアトリエでの弦楽4重奏は、みどり深い庭園にもかすかにモーツァルトのディヴェルティメントが響くという、まさに地区の文化の香りを象徴するような催しとなった。同時に区が取り組んでいる参加と協働のまちづくりをテレビにより広くPRする結果になった。

また、多くの住民が区内を歩いてめぐり、楽しみながら防災の避難ルートを実地に知り、あるいは、路上観察で面白い事物を探し当て、年1回発行の冊子にまとめよう、という「知る区ロード」の取り組みも、たくさんの子どもたちが夏休みのテレビに生き生きと映し出された。

違反建築取り締まりの報道に大きな差が

しかし、記憶に強く残っているのは、筆者が建築行政に課長として携わっているときの違反建築への対応のいくつかである。

あるケースでは、国交省の担当者から「メディアを上手に使って違反是正を図った」と評されたが、「上手に使う」などという意図はなかった。容積率の制限を大きくオーバーする共同住宅を建築し、是正指導をことごとく無視していた建て主の勝手な言い分がワイドショーに取り上げられ、その後、さすがに建て主が建物の一部を取り壊さざるをえなくなったのである。

筆者らはテレビ局の取材要請に対し、建築基準法の資料の提供など違反取り締まりの考え方を説明するとともに、「やらせ」は絶対にしないことを条件に、現場へ案内するなどの協力を行った。取材にあたった著名なリポーターをはじめ取材チームはしっかりしていて、略図を用いるなど分かりやすい報道を心がけてくれた。

一方で、なかなか思うような形で報道されなかったケースもある。たとえば、複数局のワイドショーで数週間にわたり連日のように取り上げられた違反建築T氏邸である。当時、筆者は所管の部長職であった。

これは、自宅とはいえ、建築確認などの手続きをまったく行わず、好き勝手に建て増しをする「困った住民」による事案である。最近、「ごみ屋敷」と評される場面がしばしばテレビを賑わすが、これとどこかで似たケースのように思う。T氏は、気が向くと角材やトタン板、鉄線など手近な材料で屋根やバルコニーなどの「増築工事」を始めるのである。現地は商店街のすぐ裏でもあり、隣接する住民からすればたまったものではない。日陰や圧迫感、地震による崩壊の恐れなどのほか、火災の危険があるからだ。

陳情を受けた区の担当職員は、さっそくT氏邸に赴き、工事を即刻中止すること、また建物のボリューム（容積率）規制に違反する部分の一部を取り壊すよう指導した。ところが、T氏はなかなか言うことを聞かない。それどころか陳情者や区の担当者を威嚇したり挑発するそぶりを見せたりするのだ。これが面白おかしくテレビのワイドショーで放映されたのである。

区のトップからは筆者に、もっと厳しく対応してくれ、こちら（行政）の姿勢がしっかり伝わるような対応をしないとだめだ、と毎朝のように叱責である。課長や係長を呼んで強い対応を求めるのだが、たしかに代執行などの強硬策は簡単にはできない。

メディアへの不信感が強すぎると

そんな状況のもと、メディアの取材に応じるのはまずは担当の課長である。問題なのは、彼のメディアに対する不信感が強く、当初から取材陣を毛嫌いしていることだった。

取材陣に当初から可能なかぎり資料を提供し、みずからの違反者への懸命な説得工作や今後の見通し、それらの根拠となる法の枠組みなどを丁寧に説明すれば良いのに、そんな気がないのである。理由を見つけて取材を断りたいといった対応である。これでは取材陣の不信・不満が募り、行政は怠慢だという報道につながってしまう。

結局、このケースは、1か月ほどのT氏とのやり取り――課長（本来、仕事熱心な人なのだ）や担当職員の働き――で増築工事はストップさせるとともに、既存の一部をも撤去させることができた。違反建築取り締まりの仕事としては当面、一件落着である。

この過程で、ある時期から筆者は課長と必ず一緒にメディアの取材に対応することにした。一筋縄ではいかない相手ではあるが、できることはどんどんやる、といった区側の決意を遅まきながら打ち出そうとしたのだ。

テレビで観たのだろう。古い知人の一人が「あなたや区は情けないね」と電話をかけてきた。その言葉のようにワイドショーによる行政のイメージダウンは計りしれない。トップのみならず、事情を知る多くの関係者が筆者らのメディア対応に憤り、もどかしく感じたケースだ。

たしかに、メディアの取材には、面白おかしく事件化して視聴率を上げれば良い、といった姿勢があからさまに感じられるケースもないではない(次節参照)。課長は過去にそうしたメディアによって痛い目に遭ったのかもしれない。

繰り返しになるが、メディアに迎合する必要はまったくない。しかし、毛嫌いすることなく、誠実に対応することがたいへん重要だ、という当たり前の話である。

2　報道は面白おかしければ良いのか

先に「メディアを毛嫌いしない」として筆者の経験をもとにメディア嫌いの問題などを述べた。それでも、カッコ良いことばかりを言うな、との声が聞こえてきそうだ。

筆者も役所勤めのなかでメディアとの対応でいくつか嫌なことを経験している。その一つを述べよう。まちづくり担当の課長だった25年ほど前のことだ。

わが国を代表するような新聞A紙で

ある日、わが国を代表するような新聞A紙の夕刊を見て驚いた。筆者の（数週間ほど前であろうか）建築紛争をめぐる住民への対応が小さな枠で囲まれ載っていたのである。

ある住民が「マンション計画をめぐる困りごとで区へ相談したら、まちづくりの担当も含め、まるで取り合って（力になって）くれなかった」との趣旨だ。杉並区のJR中央線N駅の近くの小さな公園、いわゆるポケットパークというくらいの小さな公園をめぐる話である。

この小公園の用地は、その記事の出る何年か前に古い木造家屋をマンションに建て替える計画が打ち出されたものの、近隣から強い反対が起きるなどの曲折を経て区が買収し、整備したものである。駅から近いこともあり、面積は小さいながら地区の人びとの貴重な憩いの場となり、また、商店街のさまざまな催しにも活用されるなど貴重なオープンスペースとして役立ってきた。

そんな公園と道路（幅6メートル弱）を挟んだ南側に5階建てのマンション（1階は店舗）建設の話が持ち上がったのである。建設予定地は、近隣商業地域・許容容積率300％であり、5階建てのマンションは、ごくふつうの建築計画の部類に入ると言って良いだろう。

それでも反対が起きた。公園に日が当たらなくなる、が主な理由だ。反対住民は、5階の計画を4階以下に変更するよう求めた。

建物のボリュームの限度は、一般的には敷地の形状や（周辺を含め）敷地に定められた都市計画（容積率や日影規制など）と建築基準法の規定で決まってくる。許容されるボリュームを大きく減じる要求は、建て主側から「とんでもない」と拒否されるのがふつうである。区の紛争予防条例にもとづく周辺住民との話し合いが平行線となるであろうことは想像がつく。

この事案をめぐって建築行政に携わる仲間から聞いていたのは、建て主側は、日影規制などをすべてクリアーしている、と階数減を受け入れず、区を交えた話し合いも妥協点が見えないとの状況である。まちづくり担当の課長だった筆者にも、マンション建設はおおかた当初の計画（5階建て）を軸に進んでいくかに思えた。

マンション建設に反対する住民が訪れた

そんななか、反対住民の代表格の女性が訪ねてきた。マンション建設用地の並びの商店主である。何とか力を貸してほしい、有用なアドバイスが貰えないか、とのことである。

筆者は、言い分をまず受け止めたうえ、敷地の都市計画（前出）から、階数を減らせというのはなかなか受け入れられないのではないか、との考えを説明した。そして、公園は駅に近いというメリットを生かし、たとえ日当たりが悪くなってもいろいろな催し物に活用できる——したがって、たとえば、マンションの公園に面する側に窓を設け、住民の目が届くようにする、1階はコンビニなど夜も明るくなるような店舗にする、などを中心に、犯罪の予防や駅近くの憩いの場づくりを重点に折衝してはどうか——とアドバイスした。

加えて、今後の同種のトラブルを防ぐため、できれば商店街の建て替えにあたっての申し合わせ、可能であれば一歩進んで建築協定、地区計画でのルールづくりを考えたらいかがか、と伝えた。また、そうした動きを立ち上げようというときには、まちづくりの担当としてできるかぎり一緒に取り組みたい、とも話した。

一方的な報道に驚く

以上の結果が先に述べた「区役所に相談に行ったがまるで取り合って（力になって）くれなかった」との反対住民の主張である。

「なんだ、それはないだろう」というのが率直な感想である。あわせてA紙の取材が筆者にはなかったことに憤りを覚えた。こうした記事で行政の対応を批判するにしても「取り合ってくれなかった」のが事実かどうか、また、その理由について直《じか》に確認すべきではないのか。

記事を読んだ人びとは「ひどい区役所だ」と思うだろう。区のトップからも筆者や職場に負のチェックが入るのが当然である。

「自治体行政が無力・怠慢だ」とのテレビ報道

筆者が取材を受けたわけではないが、嫌だな、と思うことがある。より多くの視聴者に、面白おかしく受け止めてもらえれば良い、との考えが透けて見えるテレビ番組である。

たとえば、ある民放TVの番組では、さまざまなまちのトラブルを「噂の……」と、取り上げるのだが、筆者の観たうちのいくつか（あえて「ほとんど」とは言わない）は、その視点が「イノセント（無辜）の住民」に対する「自治体行政が無力」、あるいは、「怠慢だ」である。

本書でいくつも記したように、残念ながら怠惰な自治体に頭の固い職員がいて住民が抱えるトラブルの解決がスムーズにいかない、といったケースはある。また、行政のあり方をチェックするのがメディアの重要な役割である、というのも分かる。怠惰な行政職員や行政の仕組み（制度）を指弾するのに異論はない。

ただ、行政として住民の反対があっても手を尽くした挙げ句に苦渋の判断として容認ないし、沈黙せざるを得ない事案もときにある。それはそれで行政サイドで携わった者は、反対する側からずっと指弾され続けられることを覚悟しなければならないにせよ、である。

面白おかしければ良いのか

この番組で取り上げるテーマの一つは、どう考えても住民間のトラブルであったり、住民と民間の事業者とのトラブルであったり、公共の利益をあまり配慮しない強引な人びとが引き起こす近隣への迷惑のようだ。

そんな事案の場合、メディアとしてまずは、周りに迷惑をかけるなど、公共の利益に反するようなトラブルの実態をしっかり把握し、その原因や影響を分かりやすく伝えることが大切である。影響を受ける人びとはもちろん原因者への取材は欠かせない。また、法や制度の問題も合わせて明らかにしないと視聴者には理解がむずかしい場合もあろう。

そのうえで、トラブルや迷惑行為の是正や中止につながる事例を紹介しつつ住民の主体的な取り組み（場合によっては金銭的な負担もありうる）や行政のあり方を示す、といった報道ができれば文句はない。

ところが先に挙げたように、番組では、肝心なところをスッポリ抜いて行政が対応しないのはおかしい、と面白おかしく報じるから始末が悪い。

これでは、問題の本質がいっそう分かりにくくなり、住民と行政との協働どころか番組を通じて行政不信を煽るだけではないのか。

「令和なのに昭和の道路計画」は当たり前では

自治体が主体となって進めている事業について、納得がいかない、という報道もこの番組のもう一つのカテゴリーだ。しかし、ときに特定の意見に与《くみ》し、事業をめぐる制度上の枠組みや経緯などをネグレクトするかのような報道姿勢には疑問をもつことがある。

たとえば、杉並区が数年前から着手している都市計画道路の拡幅整備についての報道である。[注1] 番組のスタート「令和なのに昭和の道路計画！人気の街がピンチ」との見出しがまず偏った報道を感じさせる。区が幅11メートルの道路を16メートルに広げる事業を都の認可を得て着手しようとしていた時期であるが、初めから反対住民あるいは当のメディア関係者の考えを反映したニュアンスだ。

「昭和の道路計画」との見出しであるが、東京区部にある都市計画道路は、同様の時期（戦争直後から1960年代）に都市計画として定められたものが多い。[注2] 東京都全体における事業化計画の優先度や行政の財政事情から遅々として進まなかったのは事実であるが、JR西荻窪駅と駅の利用圏とを結ぶ交通環境の整備はもとより、大規模災害が頻発するなか、防災まちづくりの重要な柱である道路の拡幅をここでようやく進めようということである。

「人気のまちがピンチ」……は本当か

また、「人気の街がピンチ」というのも的外れだ。西荻窪のまちの魅力はいろいろあるが、それらがこの事業の可否とすぐに結びつくわけではない。たとえば、メディアで人気があるまち、まちの魅力、としてしばしば紹介される骨董品店の並ぶ街角、親しみのある飲み屋横丁などはそれぞれこの事業とは別に位置し、直接関係がない。つまり、「人気の街」は番組の見出しのように「ピンチ」ではない。

以上は、番組の見出しへの疑問であるが、中身の一つ一つについて長々と書き連ねる必要もないだろう。

言うまでもなく、道路拡幅によって土地が買収されるなどの関係者には丁寧な説明、納得のいく補償などを行うべきことはもちろんである。また、道路計画に当たる土地については、長年にわたり建築規制[注3]をそのままにしてきた行政の「怠慢」を指摘する意見は重く受け止める必要がある。とはいえ、区の取り組みに異論のない住民や用地の買収に応じようとする権利者もいる。これまで述べたような事業をめぐる複合的な視点を抜きに、反対住民の声に偏った報道をしても、まちのより良いあり方について行政と住民などが真摯に意見を交換し合うきっかけとなるとは思えない。

第7章
新しい課題に向き合う

自治体の基幹的な構想・計画である都市マスタープラン（都市マス）をより豊かで実効あるものとしていく取り組みのほか、筆者の経験した被災地支援と「受援」や公共施設の再編など、新たな課題へどう向き合うかを述べたい。

1　新たな事業を都市マスに盛り込む

都市マスはいつ改定されるか

都市マスの修正――数十年単位の全面改定ではなく、一部の修正、いわばマイナーチェンジの場合を指している――は何時行われるのだろうか。

たとえば、急に民間企業が広い所有地を手放すことになり、跡地の適正利用が課題になったケース、市区町村みずからが規模の大きな公共施設を建てるにあたり、あわせて周辺の整備を住民から求められた、など、都市マスには載っていない取り組みが浮上するときがある。これらへの対応を盛り込み、整理し直す、というのも都市マスの適切な運用である。そうした都市マスのマイナーチェンジは3年から5年くらいで行われるのがふつうだ。

基幹的な構想・計画としての都市マス

あるまちづくりの企てが「順調に」に動き出せるかどうかは、それが都市マスに掲げられているのかどうかで大きく異なるのは当然である。[注1]

交通の安全性や利便性などを高めるための都市計画道路の事業化をはじめ、ある地区のまちづくりを都市マスに掲げるためには、それなりの客観的な理由が必要である。たとえば地区の防災危険度が高い、良好な景観を守り育てる必要がある、などである。さらに住民を代表する議会の賛同、首長の公約との整合も欠かせない。場合によっては自治体行政の内外での機運の高まりといったものが求められる。都市マスに掲げられた企ては、それら高いハードルをクリアーしたものと言って良い。

景観まちづくりを建議した

筆者が杉並区のまちづくり担当の課長になったばかりの頃は、まだ都市マスが法定化（1992年）される以前であった。では、区に都市マスに代わるものがなかったかというとそうではない。昭和50年代半ばから徐々に進めてきた区のまちづくりの成果をふまえ、[注2]今後取り組むべき土木、建築部門、みどり・環境部門など、ハード系部門の課題を整理し、杉並らしい都市づくりのバイブルである『杉並区まちづくり基本方針』をつくろうという動きが何人かの先輩管理職を中心に生まれていた。

それに何年か先んじて、筆者は、ＪＲ阿佐ヶ谷駅、地下鉄南阿佐ヶ谷駅、区役所などを結ぶケヤキ並木が美しい中杉通り（都道）、それにほぼ並行する賑わいのある商店街、さらに後背の住宅地の一部を含む地区の景観をテーマとする景観まちづくりを建議したことがあった。

まず、①ケヤキ並木の良さやその歴史を地区内外の人びとにPRし、優れた景観づくりの機運を盛り上げる、②このため、地区独自のまちづくりニュースを発行するとともに、当面、公募による写真展、地区ゆかりの著名人によるトークショーなどを開催する、とした。加えて、③なるべく早く地区の住民主体のまちづくり協議会を立ち上げ、参加・協働のまちづくりの基盤（プラットフォーム）とする、これに地区の住民全体を対象としたまちづくりニュースの全戸配布、説明会を適宜組み合わせ、④建て替えが進行しているなかで、建物の景観規制や回遊性の向上につながる小広場の建設、落ち着いた味わいのある道づくり（いわゆるカラー舗装化）など、実効性のある計画をまとめたい、と訴えたのだ。

阿佐谷・中杉通りのたたずまい（2023 年 10 月）

百ページくらいの企画書を

こうした事業部門からの提案を進めるには、区の財布を握っている政策経営部門の了解がいる。ところが、当時の政策経営部門の課長（後に助役（副区長）に就任した実力者）は、筆者の考えは分からないでもないが、区内の特定の地区に限った支出をするのだから「よほど慎重に進めないといけない」、そこで、「百ページくらいの企画書を作ってもらわないと」と、なかなか首をタテにふってくれない。

たしかに、区全体のまちづくりをどう進めるかという基本的な考え方（マスタープラン）がないなかで、カネや人手が必要である、あるいはそれ以上に「なぜこの地区を対象にするのか」の政策的な整理がなされていないのは大きなネックに違いない。区の上層部は、他の地区への配慮から簡単にOKは出せないのである。

筆者は、めげずに「自治体の看板づくり」、他地区のまちづくりを先導する「パイロット事業」としての取り組み、などと訴え続けるのだが、簡単に事《こと》は進まない。

区の「まちづくり基本方針」（その後の「都市マス」）にようやく盛り込む

筆者は、その後検討が始まった区の『まちづくりの基本方針』に何とか中杉通り周辺地区の景観まちづくりを盛り込むため、関係する多くの部門の賛同を得ようと機会あるごとに関係部署の職員や区議会議員などに景観まちづくりと先導的な当該地区での取り組みの重要性を訴えた。

こうした働きかけもあってか、中杉通り周辺地区の景観まちづくりの企ては、政策経営部門とのさらなるやり取りなど、曲折を経て『まちづくり基本方針』に他のいくつかの地区とともに、何とか盛り込まれ、日の目を見ることになった。諸先輩の口添えがあったのだろうが、筆者が景観分野の検討のリーダーを務めたことも大きな効果があった。

具体的には、当該地区の景観形成の課題や可能性を改めてスタディするため、コンサルタントへの調査委託の費用がその数年後、年度の当初予算案に盛り込まれたのである。[注3] 建議から何年か経ち、杉並区で初めて定められた『まちづくりの基本方針』の実現を図る目玉事業の一つであった。その間ずっと応援してくれた諸先輩や多くの仲間に心から感謝している。

阿佐谷ジャズストリート 2010
杉並区役所庁舎西棟前のダンディキャッツ・オーケストラの演奏（2010 年 10 月）。

以上は、都市マスの重要性を示すとともに、まちづくり職員が既定の都市マスに違和感を覚えた場合のヒントになることを願う。ちなみに先に述べた景観まちづくりに発する出来事の一つは、そろそろ30周年を迎える秋恒例のジャズフェスティバル「阿佐谷ジャズストリート」である。住民主体のまちづくり協議会のメンバーが、夏の風物詩である阿佐谷七夕まつりに匹敵するような大人のための新しいイベントを立ち上げようと、地元のジャズ関係者や区の職員などとともに街ぐるみでスタートさせたものだ。

2　都市マスを絵に描いた餅にしない

数年前、筆者は地元・埼玉県の狭山市の都市計画審議会（以下「審議会」）の委員（会長）[注4]として、市のほぼ20年ぶりの都市計画マスタープラン（都市マス）の全面改定に立ち会うことができた（図5）。狭山市のこれからを展望すると、高度成長期のような人口増は望めず、むしろ微減が前提とならざるを得ない。加えて、少子・高齢化が著しい、中心市街地の衰退が激しい、空き家が増えている、農地の比率がそれなりに高く、元気な営農者は多いが、担い手不足による耕作放棄地の増加も見すごせない。そんな典型的な首都圏の15万人規模の都市をどう安全で魅力あるものとするかが問われ

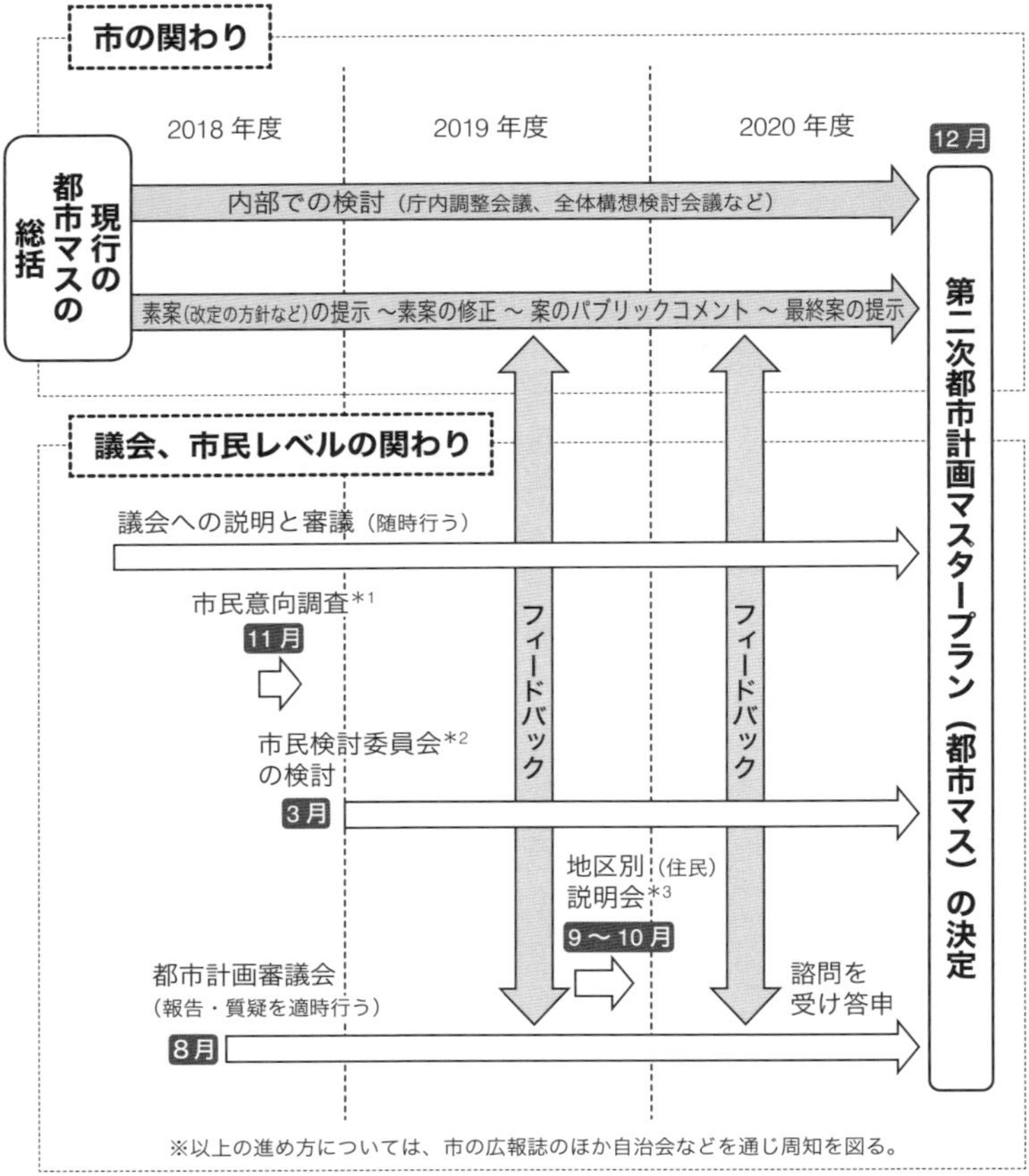

＊1：居住の意向、市・地域の課題、将来像などを尋ねた。回収率は

$$\frac{\text{回答}}{\text{発送}} = \frac{1{,}247}{3{,}000}$$

＊2：学識経験者、市民など 15 名

＊3：8 地区、計 118 名参加

図 5　狭山市の都市計画マスタープラン改定

(第 2 次都市計画マスタープランの策定の進め方（2020 年 12 月現在）、市の資料を筆者がリメイクしたもの)

ているのである。

立派な農村部があるアドバンテージを訴える——コンパクトシティ

都市マスの改定素案では、基調として、新たに「コンパクトシティ」の推進とSDGsへの取り組みが示された。

コンパクトシティは、国、県や隣接自治体などの動向をふまえたものであるとはいえ、市の都市マスに盛り込むからには、働き盛りの市長や気鋭の職員の本気の取り組みを期待したい。

筆者が70年代半ば（急速に市街化が進んだ時期）に都内から狭山市に移り住んでからを思い起こしても、農地や雑木林がズルズルと（と言うと失礼だろうか……）住宅地に転換された地区では、幅4メートルほどの行き止まりの道路に比較的密度の高い住宅が連なっているようなケースが見受けられる。また、20年ほど前にようやく充実したように感じた公共交通（とりわけ路線バス）がここにきて減便、減路線の危機に瀕しているなど、コンパクトシティは以前よりずっと身近な課題となっている。

求められるのは、「市街地化イコールまちの発展」ととらえるのではなく、むやみなスプロールは抑え、既存のまちの魅力、農村部の活力の双方を多くの市民とともに改めて評価し、高めていくようなまちづくりではなかろうか。[注5]

かねて筆者は狭山市のめざすべき方向は「都市の良さと農村の良さの両方を身近に享受できる自

治体」であると考えてきた。そうした意味でも、コンパクトシティに異論はない。と同時に、これまで進めてきた関越道、圏央道などの高速道路網や国道16号のメリットを生かした2次・3次産業の計画的な立地とともに、立派な農村部の存在というアドバンテージを内外にもっと訴えるべきではないか。

コンパクトシティ——実現には熱意と力がいる

ただ、自治体が実際にコンパクトシティを実現するにあたっては、これにそぐわないさまざまなベクトルに対し、ぶれることのない毅然とした対応が求められる。これは結構きつい。都市マスにまちづくりの基本的な方向として掲げるのと、それを実際に推進するのとは大きな違いがあるからだ。

まず、行政のトップやそれに近いポジションにいる職員がコンパクトシティの趣旨をふまえ、市街地の拡大に関する諸制度の計画的運用と公共事業の取捨選択へのしっかりとした心構え、取り組みを共有することが大切だと思う。そうした一方で、非都市的な土地利用、とりわけ、市域の大きな面積を占める農地をだいじにしよう、一生懸命に営農している人びとを応援しよう、との農政面での施策が噛み合わないといけない。[注6]

議会・議員サイドの見識も問われる。都市マスは自治体のまちづくりの基本方針であることから、その改定については首長部局から議会（たとえば所管の委員会）にも折にふれ報告がなされ、そのたびごとに質疑が行われているはずだ。したがって、行政からのコンパクトシティの提案について議会・議員がその内容に納得（賛成）したのであれば、それを尊重すべきなのは当然である。万が一にも立場を翻《ひるがえ》して行政の取り組みをスポイルするようなことがあってはならない。

日常的な窓口対応や事業の現場では、担当する職員が一致してコンパクトシティに向け、実践者の一人としてスジを通すことが不可欠である。

SDGsは具体の道筋や目標を示そう

コンパクトシティとともに、この都市マス改定にはSDGs（持続可能な開発目標[注7]）の推進が新たに盛り込まれた。わが国の取り組みが世界レベルでは伸び悩んでいるなか、今後の市のまちづくりを含む施策全体をこの視点から見直そうとの趣旨である。

しかしながら、筆者自身、具体的にまちづくりのどこから始めたら良いのか、すっきりとアタマに入っているわけではない。たとえば、SDGsには貧困の解消や子ども・若者の教育機会の確保など、都市マスではとらえにくい事項も含まれている。審議会でも、ある委員から、行政は、市民への広報活動などを通じてより分かりやすくSDGsへの道筋や目標（ことにまちづくりとの関係）を示すべきだ、との意見が出された。同感である。[注8]

多くの人びとの共感・協力を

以上、筆者が都計審の委員（会長）として関わった狭山市の都市マスについて、その基調とされるコンパクトシティとSDGsを手掛かりに述べた。

その2点に関しては、多くの自治体が多かれ少なかれ似たような状況にあるのではないか。とはいえ、その目標とすべき具体的な姿は大きな違いがあるだろう。行政の取り組みとあわせて、多くの人びとが都市マスの趣旨や職員の取り組みに共感し、できるかぎり協力しよう、となれば、コンパクトシティやSDGsは、単に流行りの言葉を盛り込んでみただけ、という結果で終わることはないはずだ。[注9]

3　被災地の復旧・復興を支援しよう

職場に支援本部を設営──中越地震で

阪神・淡路から9年余り後（2004年10月23日）、中越地震が起こった。杉並区と防災協定を結んだばかりの小千谷市も大きな被害を被った。支援の第一陣は、区の防災課職員などで、簡易トイレをはじめとする支援物資を夜を徹して運んだ。

当時、筆者は、建築担当の部長職であった。発災後、1週間ほど経ってからだろうか。高速道路が開通した日、まず被災地を実際に見たいと考え、何人かの職員とともに、現地に赴いた。背後の山が崩れている川口町では中心部の商店街などに家屋の倒壊など甚大な被害が生じていた。

その何日か後、小千谷市から輻輳を極めている行政の支援のため、職員の派遣を、との要請が杉並区にあった。そこで、現地の状況をある程度把握していること、阪神・淡路での職員派遣の経験などからか[注10]、筆者に職員派遣の打診があった。これに応え、暮れから年明けにかけて技術系職員主体の数名でチームをいくつかつくり、支援することにした。

筆者の部門はいわゆる技術職場といわれるのだが、現地で取り組んだのは、阪神・淡路と同じように罹災

中越地震の被害、JR越後川口駅付近（2004年11月）
（写真：平野正秀）

（被災）証明書の発行事務の支援であった。「何も我々が行かなくても……」との声があったが、こうしたときに仕事の押しつけ合いをする余地はない。「かまわないからできるだけのことをやってくれ」と3〜4日から1週間単位で職員を逐次送り出した。職員はみな快く引き受けてくれた。

組織的に派遣職員をサポートしよう

気をつけたのは、できるかぎり組織的に派遣職員をサポートすることである。このため、筆者は、部長室（パーティションで簡易に区切られた部屋）の入り口に「小千谷市支援職員派遣本部」と大きな貼り紙を掲示し、職場全体の雰囲気づくりに努めた。掲げる前には助役（副区長）に了解を得たが、「勝手なことをやりやがって」と思った他部門の職員もいるかもしれない。また、毎夕、定刻には必ず庶務担当の係から現地の宿泊先に電話を入れ、安否の確認をはじめ、必要な物資や情報の有無などにきめ細かく対応するようにした。派遣して留守となった職員の仕事のやりくりはそれぞれの職場を挙げてサポートするよう求めた。

小千谷市支援は、派遣職員の努力はもとより、多くの職員の協力を得て、無事終了することができた。職場一丸となっての支援をみなが実感した日々であった。

被災から1年ほど後の秋、防災週間の催しとして、筆者は「区民とともに防災まちづくりを考える」催しを開催することとし、多くの区民や区内の建築士などの専門家集団に参加を呼びかけた。

この催しの当日、小千谷市の建築士事務所協会のメンバーをパネラーとして招くとともに、市の助役の挨拶をお願いしたところ、ぜひにと、引き受けてもらうことができた。あわせて、区民へのお礼として、1袋1キロ入りの米・数百袋をいただいた。このお土産の効果か、会場となった庁舎でいちばん大きい会議室が満席になるという嬉しい結果にもなった。

失敗を繰り返さない組織的な取り組みを――東日本大震災で

2011年3月11日に発生した東日本大震災（3・11）の緊急支援、復旧・復興の局面では、国や地方自治体の職員などが数多く被災地の支援に赴いた[注11]。

阪神・淡路とは桁違いの被災地の広がり、巨大な津波、原発の崩壊などを前に、被災自治体の業務は、予算規模からいっても例年の5倍から10倍が当たり前といった状況であったという。そうしたなか、支援に赴いた職員のなかには派遣先でのコミュニケーションのむずかしさや職務の困難さからか、派遣を中途で辞退する、さらには自死するという事態がさまざまに生じた。

そこで、一つの自治体から送り出す職員はできるかぎり複数とする、定期的に派遣元自治体との打ち合わせに呼び戻す、適時心のケアに努める、派遣先とのやり取りは一元化する、などの組織的な対応を重視せざるを得なくなったのである。

支援と受援それぞれの大切さ

一方で、支援を受ける（「受援」）側の自治体にとっても災害時の受援をいかにスムーズに進めるかは重大な課題である。受援は、自治体の大規模災害への対応のキーポイントの一つでもあるからだ。そうした視点から、筆者はＮＰＯ復興まちづくり研究所（当時）の一員として特別区職員研修所とのコラボレーションによる研修を行った。[注12]

この催しでは、各区の研修担当者にはまちづくり部門よりむしろ人事・組織運営を担当する職員の参加を要請した。まちづくり部門だけでなく、自治体全体の課題と受け止め、ＢＣＰ（災害時業務継続計画）や地域防災計画と関連させる必要があるからである。

甚大な被害を被むり、何から手をつけて良いのか分からない、職員が被災し、人手が足りない、といった状況は十分ありえる。事前に受援の検討と言っても無駄だ、との意見もあろう。しかし、平常時に被害想定（都が示している直下地震の被害想定など）を手掛かりに、より効果的な受援を整理しておくべきではないか。それは同時に地域防災に通じる検討でもある。たとえば、支援自治体の職員やボランティアをどんな仕事に充てるか、宿舎や食事はどうするか、受援側との連絡のリーダーは誰にするか、などは「出たとこ勝負」ばかりであって良いはずはない。

基本は助け合い──相互扶助の精神

筆者が携わったわけではないが、杉並区では3・11の直後から当時のT区長の決断のもとで防災協定の締結自治体（当時は5自治体）と協力し、被災した南相馬市に対して「スクラム支援」としてヨコつなぎした支援に取り組んだ。

国→都道府県→市区町村というういわば「垂直支援」とは異なる相互扶助の試みである。国からの指示を待つ、県からの要請を待つ、というのでなく、助け合いの精神をもとに率先して被災自治体を助けようとするスクラム支援は、たとえば、広域避難の選択肢が多くなる、多様な支援物資や人材の提供が可能となる、など、大きなメリットがある。何より即効性が高い。これからもいろいろなバリエーションで広がっていくことを期待したい。

職員間の個人的なつながりが生きる

職員どうしでも同様である。3・11で被災した気仙沼市は、東京の目黒区とかねてサンマを通じた催しなどで付き合いがあった。被災直後、通信がほとんど途絶えるなか、職員個人間の連絡をもとに、支援活動が始まり、職員派遣を含む自治体間の公式の支援・受援に発展した。職員の個人的なつながりであるが、行政ベースの通信網が壊滅したなか、知り合った職員どうしのコミュニケーションが支援・受援の起点となるのはけっして偶然ではない。

自治体のまちづくり職員の仕事の目的は言うまでもなく、多様な関係者との参加・協働による安全・安心で魅力のあるまち・地域の形成である。そんなまちづくり職員としての経験やポジションを活かし、さまざまな機会をとらえ、被災地の復旧・復興を支援しようではないか。また、万が一にも、みずからの自治体が被災するといった際には、しっかりと受援しようではないか。[注13]

4　公共施設の再編にどう対応するか

ドラスティックな再編が進む

全国の基礎的自治体で、今、小中学校をはじめとして公共施設の再編（統廃合、整備、運営も含む）が急速に進んでいる、進めようとしている、と言うべきだろう。

杉並区も例外ではない。筆者がまちづくり部門の職員であった25年ほど前にもすでに区内にある小中学校計70余りを児童生徒数の現況や今後の推移をふまえ、再編（統廃合）する動きが始まっていた。

近年の公共施設の再編は、公園など屋外の施設を含め、区の施設全体を対象とし、老朽化や耐震化対応はもちろん、施設そのものの廃止や用途の変更、複合化を含むドラスティックな――つまり、すべての区民の暮らしに深く関わる大規模なものである。

区では、2022年6月の選挙で区長が替わったことを受け、前区長の施設再編に批判的な区長のもとで新たな取り組みが提案されている。[注14] この計画案では、一つ一つの区立施設について再編を考えるうえでの課題と今後の方向が示され、施設系列のあり方とともに、7つの地区区分ごとに施設配置が示されている。

末尾の資料編では区立施設を取り巻く状況として、人口推計、財政状況、最近10年間の改築・改修経費の概要、施設の建設とその維持・運営に要するコストなどが示されている。区の公共施設の再編を俯瞰的かつ具体的にとらえているという意味でなかなかの労作である。

建築審査会で施設再編を垣間見る

区では施設全体の再編について現区長のもとで新たな方針をつくりながら、差し迫った施設の再編には従来の方針をすべて中断するのはむずかしいためか、建築審査会に上程される事業も少なくなかった。筆者は委員として、具体の議案に関わることが続いていた。

建築審査会の同意を求め上程された案件には、たとえば、小学校の統合により廃校となった校舎を指定管理者の運営する生涯学習をテーマとする複合施設にリノベーションし、広く区民などの利用に転用しようとするケース、[注15]また、建設されてまだ5、6年しか経っていない「福祉と暮らしのサポート拠点」と位置づける複合施設の一部の用途を変更するケースがあった。[注16]建築審査会は、それらの案件にいずれも同意してきたのであるが、現場の視察を含む審議で感じたのは、施設の再編が単独で行われるだけでなく、工事期間の転用を含め、いくつかの施設を玉突きのように移転させ、建て替えやリノベーションを順次に進めるといった手法――いわゆる（言葉は悪いが）「転がし」――の複雑さである（図6）。

目まぐるしい施設の「玉突き」や「転がし」移転

限られた用地に新たに多様な施設ニーズを当てはめようとすればやむを得ないことであるとはいえ、建築行政やまちづくりに詳しい委員にもすぐに理解することができないほどの目まぐるしい移転――「玉突き」「転がし」による再編である。背後にある区の全体的な構想なり計画を、関連する複数の施設の視察を含め、時間をかけて説明してほしい、と思ったのも率直なところだ。そして施設再編の中身を多くの人びとが理解するのは、たいそうむずかしいのではないかと感じたのである。

事実、先の「福祉と暮らしのサポート拠点」では、建築審査会へ区当局が議案として上程する以前に行政による地元説明会、個別の意向調査、さらには公聴会が行われているのであるが、なお反

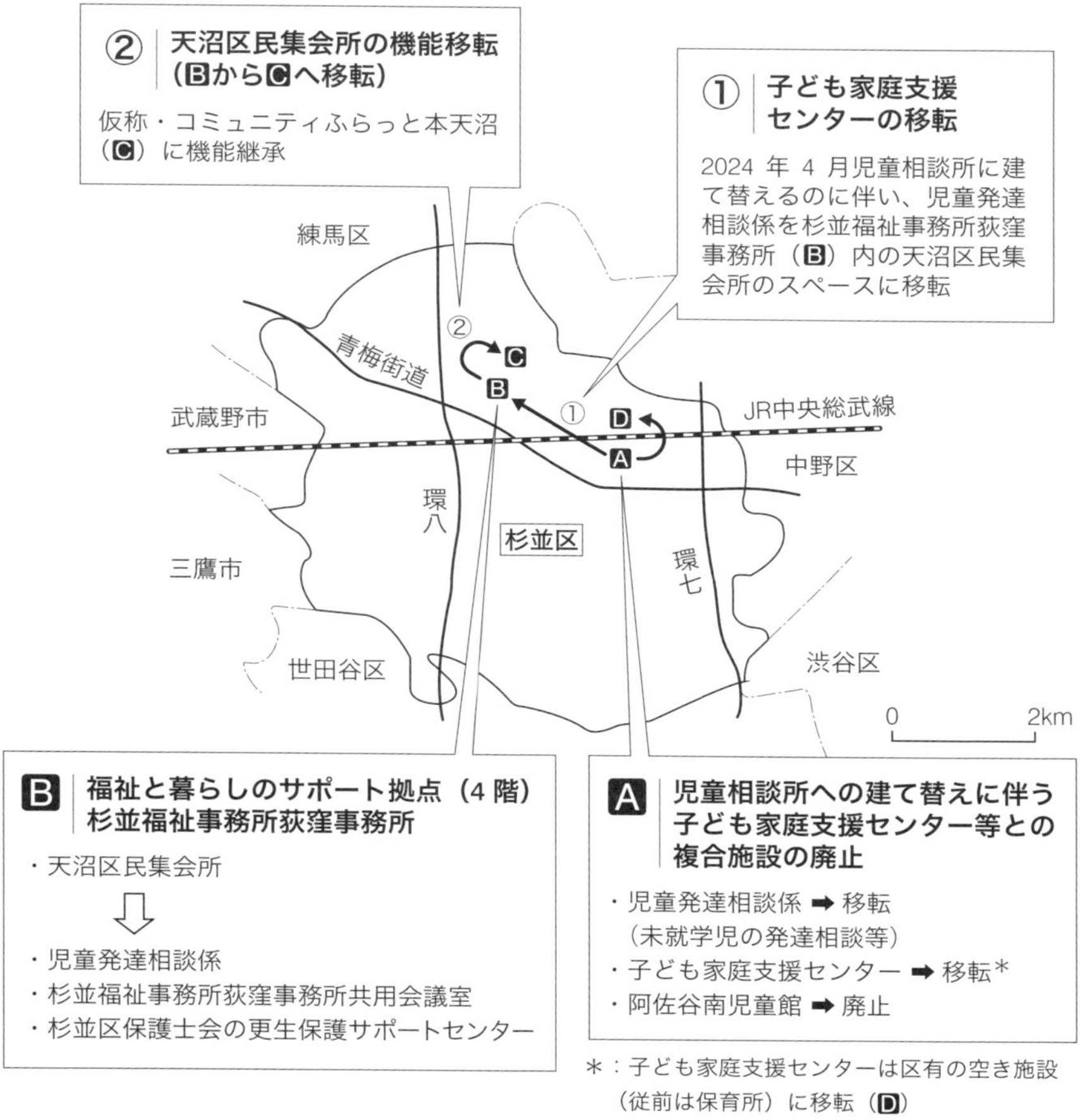

図 6　杉並区の施設再編の事例

（2023 年秋、建築審査会へ上程された福祉事務所 B 4 階の用途変更許可の同意議案説明資料などをもとに筆者が作成）

対している周辺住民がごくわずかではあるがいる、との説明であった。

あくまで推測であるが、このような施設の目まぐるしい「玉突き」「転がし」に嫌気がさしているのでは、と感じるケースであった。嫌気とは別の、せっかく馴染んできた施設が一挙に失われることへの反発かもしれない。注17 施設は機能論だけで割り切れる存在ではない。施設にまつわる思いは、大切に利用してきた人びとに深いであろう。

「素案の素案」段階から

ところで、筆者は、前区長のもとで区が進めようとしていた施設の再編注18がいちがいに悪いとは思わない。たとえば、個々の施設は、その老朽化を客観的に示すことができるし、保育所の増設で待機児ゼロを達成したとすれば、すぐに学童保育の施設需要が増えるはずである。そうした行政ニーズの変化に対応するため、施設の増設や建て替え、施設の転用などが必要、というのは、多くの区民に理解されると考えるからだ。周辺の施設との複合や「転がし」の手法やサービスへの懸念を考慮しても、必ずしも「区長が替わればすべて変わる」といったものではないだろう。

先に記したような目まぐるしい再編も、すべてを避けては通れない、とすると、問題は、再編の手順なり、進め方——区民をはじめ、多くの人びとに施設の再編の必要性を理解してもらう、また、意見を可能なかぎり計画に反映するプロセス——がだいじだということである。

現区長はそうしたプロセスの大切さを強く主張している。正論だが、問題は実際にどう進めるかである。どのような状況で理解を得たとするのか、区民の要望はどこまで生かされるのか、議会との調整はどうするのか、先に記した施設への人びとの思いをどのように織り込むのか、などである。すでに計画案が公開されパブリックコメントの手続きが進んでいるが、杉並区立の施設（建物系）は6百余りあるという。まだまだ課題は山積している。

人びとの活動や思いを記録・記憶する

繰り返しになるが、まず、できるかぎり早い段階で、つまり、「素案の素案」の段階から行政は住民をはじめ多くの関係者へ再編の必要性を提起する、また、行政の広報媒体や職員の力をおおいに活用することである。職員もみずからの仕事に深く関わる、との意識で人びととの対話に注力し、その結果を計画に反映する、といった取り組みが必要である。

そうした考えは、杉並区が示している施設マネジメント計画案にある三つの基本方針・視点にも示されている。その一つは「まちづくり・地域づくりの視点による取組の推進」があるので引用する。

施設のあり方の検討にあたっては、単に施設（ハコモノ）をどうするかという視点からだけでなく、自分たちの住むまちを将来どのようにしていくのかを見据え、まちの魅力向上や地域の課題解決に必要な施設を考えていくこととします。
このように地域の実情をふまえながら、まちづくりや地域づくりの視点により取組を進めていきます。

筆者はこれに加え、「施設や施設利用についての人びとの活動や思いを記録・記憶する」趣旨を加えたい。ことに廃止や転換がなされる施設へのセンティメントを重視するのである。

校庭にあった大きな樹、校舎の玄関ホールにあった卒業記念のモザイク、古びた廊下や階段の照明器具、などなど、多くの人びとの愛着をたとえ少しでも残し、活用していければと願う。

まちづくり職員のだいじな役割

公共施設の再編で、まちづくり職員の主な役割、それを裏づける「得意技」は何だろうか。再生計画づくりの全体に携わる場合であったら、先の基本的な方針に沿い、建築、道路、橋梁や公園などにそれぞれの技術的な知見を活かすことができる。また、その後に想定される個々の施設の計画作成の場面であれば、具体的に建設やメンテナンスの勘所、おおまかなコストの比較を示すことも可能だろう。さらに、住民などとの話し合いでは、代替案なども分かりやすく説明できよう。

そうした役割の前提として、都市計画マスタープラン（都市マス）との整合を図るのは当然である。建築基準法への適合など、適法・適切な方策を示すことも欠かせない。まちづくりの観点から、たとえば施設の再編の機会をとらえて、可能なかぎり災害や犯罪に対して安全なまちに一歩でもつなげる、ちょっとした人びとの憩いのスペースを設ける、高齢者や障害のある人びとへのバリアフリー化を図る、魅力ある街並みづくりに寄与する、など、まちづくり職員の役割はたくさんある。

また、まちづくり職員の出番は、先に述べたように、廃止あるいは移転する施設の記憶、記録を適切に残す、活かす、にもある。[注19]当該の施設に関わった多くの人びとの心に響く方策を見出し、施設の再生に盛り込むよう努力してほしい。

寄稿

まちづくり職員の専門性と人材育成

英国では「前例のない課題を解決できる能力」を養うための実務研修が都市計画専門家に必須とされている。まちづくり職員も「失敗や試行錯誤に学ぶ力」を養う必要があるのではないか。一方、まちづくり職員の人材育成の点で、技術系の専門教育が果たす役割は何かも問われている。

1　まちづくり職員のキャリア形成と人材育成

――有田 智一（筑波大学教授）

本書の内容に関連して、本稿では自治体まちづくり職員としてのキャリア形成、およびまちづくり職員の人材育成のあり方について特に注目してみたい。

本書の一番の特徴は「失敗や試行錯誤に学ぶ」というアプローチである。これは鳥山氏の具体的経験談を単に次世代に伝えるということ以上に、職員が日々の実践を通じて自己研鑽を積み重ねる中で、まちづくり職員として自覚的にキャリアを形成してゆくための方法論そのものが提示されているとともに、まちづくり職員を組織的に育成するための方法論への示唆ともなっている。これは、後に例示するように、英国のプランナー資格の実務研修プロセスで採用されている手続きや、それを支えている理論に通じる本質的内容を有している。

まちづくり職員の実践を支えている理念についても本書では示唆されているが、後述するように、これも英国のプランナー像の本質と同じものと言えよう。

一方で、日本では、プランナーの職能が欧米のようには確立しているとは言えない。言い換えれば、プランナーを専門家として育成するシステムや、専門家としてのプランナー人材市場が明確には存在していない。後に詳述するように、特に日本の自治体組織においては、一般に個人として専門家としてのまちづくり職員を志向して能動的にキャリア形成できる状況にあるとは言いがたい。この現状をふまえたうえで、今後の自治体によるまちづくり職員の組織的な育成にとって必要となる視点についても本書は示唆している。

最後に、本書では、市民、政治家、メディアなど各種のステークホルダーとのコミュニケーションや信頼関係構築に際して、理念と現実の間でのさまざまなジレンマを乗り越える際のまちづくり職員の闘いのあり様が示されている。日本の地方自治や民主主義の実践がより良い方向に向かうとともに、まちづくり職員の役割の重要性が社会の中で適切に評価されるようになるために、何が必要となるかについても本書にそのヒントが示されている。

鳥山氏の「失敗や試行錯誤に学ぶ」アプローチの意義

本書は、まちづくり職員の育成の方法論を提示している。これまでにまちづくりのあり方や実践論に関わる膨大な著作や論考が出版されてきた。著名なプランナーの逸話、経験談などに関わる著書も知られている。[注1] それらの中では、プランナーあるいはまちづくり専門家の必要性や重要性はたびたび指摘されてきた。しかし本書のように、自治体まちづくり職員の育成の方法論に焦点をあてたものは希少であろう。

鳥山氏は、まちづくり職員は現場で「立ちすくむ」としている。それをどのように乗り越えるのかについて「失敗や試行錯誤に学ぶ」方法を本書で提示している。

だれしも失敗から学ぶのは当たり前のように思われるが、これは、以下に示すように、まちづくり職員として自覚的に自己研鑽する本質的な方法論が提示されていると理解されるのである。

本書が提示している「失敗や試行錯誤に学ぶ」アプローチを、英国のプランナー職能団体において採用されているプランナー育成システムと比較してみたい。

英国のプランナーの職能団体として知られる王立都市計画協会[注2]（ＲＴＰＩ）は１９１４年に設立され現在１１０年の歴史を有しており、有資格会員数は１万５１４６人（２０２２年時点）に達している。ＲＴＰＩの認定プランナーの資格を得るためには、ＲＴＰＩが認証したプランニングスクールの学位を取得した後に、実務研修に係る専門能力評価[注3]（ＡＰＣ）の手続きを経て審査に合格する必要がある。ＡＰＣでは、２年間（フルタイム相当）にわたる実務研修を積み、その内容の審査を受ける。最初に専門性習得計画を作成した後に、２年間にわたり日常業務において習得した専門的能力の内容を示す膨大な個別詳細記録（ＬＯＧ ＢＯＯＫ）を作成することが求められる。この作成にあたっては、ＲＴＰＩ認定プランナーの中から指定されたメンター（先輩プランナー）から指導を受けながら進める必要がある。実務経験の内容は、「クリエイティブ・ビジョン（創造的で革新的な戦略と解決策の創出）」「プロジェクトマネジメント」「問題解決」「リーダーシップ」「協働による仕事、分野横断的な仕事」「コミュニケーション」「ステークホルダー・マネジメントと紛争解決」などのスキルの向上に寄与することが必要とされている。

こうした仕組みを採用している理由として、「プランナーは、定型化された解決策で対応可能な標準的課題に遭遇することのほうが少ないのであり、実践を通じて反省的に学習できる能力がプロフェッショナルには求められるため」とＲＴＰＩでは説明している。ＲＴＰＩはこの方法論について米国ＭＩＴ都市計画学部の教授であったドナルド・Ａ・ショーン[注4]による反省的実践者[注5]の理論に依拠していると解説している。[注6]

ショーンの反省的実践者の理論ではさまざまな専門家が分析対象となっており、都市計画プランナーも典型例の一つとして対象とされている。反省的実践[注5]とは、自分自身の実践に対して批判的な姿勢や態度を取り、継続的な適応と学習のプロセスに取り組むために、自分の行動を振り返る能力のことである。反省的実践の重要な根拠は、経験だけでは必ずしも学びにつながらず、経験に対する意識的な反省が不可欠であるということにある。実践に基づいた専門的な学習の場において、形式的な学習や知識の伝達からではなく、自分自身の専門的な経験から学習するという意味で反省的実践は重要である。専門的能力の開発・向上の重要な源であるとともに、理論と実践を結びつける重要な方法でもある。特に都市計画分野に関して言えば、１９６０年代半ば以前の中央集権的な都市計画の失敗や、それを担ってきた都市計画の旧来型エキスパートに対する信頼が危機に陥っていた状況をふまえ、新たな専門家像としての反省的実践者をショーンは提示している。[注7]

鳥山氏の「失敗や試行錯誤に学ぶ」アプローチとは、ＲＴＰＩのプランナーのＡＰＣ研修に必要とされるものとまさに対応していると言えよう。まちづくり職員はまさに日々前例のないケースに遭遇・直面して、それを乗り越えるプロセスの中で、自覚的に反省的実践を通じて学ぶ方法論を習得することが求められている。この「失敗や試行錯誤に学ぶ」内容は、まちづくり職員の自己研鑽の方法論である以上に、今後のまちづくり職員の育成のあり方を提示している。

そもそも、これまでの日本のまちづくりに係る著書の多くは成功事例の紹介が中心であるが、その中では最終ゴールにたどり着くまでの紆余曲折や失敗・試行錯誤等のエピソードはほとんどの場合、公には語られずに、おそらくは関係者の中だけで封印されているのではないか。ややもすると、何ら紆余曲折なしに最適なプロセスで最終的正解にたどり着いたかのように受けとられてしまい、その背後の失敗等への想像が及ばなくなる懸念がないだろうか。埋もれていた失敗等をどのようにして乗り越えていったのか、という点が本来はもっと語られても良いのではないか。

プランナーを専門職能として育成するＲＴＰＩのようなシステムが日本には存在しない。ＲＴＰＩの仕組みに照らして考えれば、鳥山氏の「失敗や試行錯誤に学ぶ」アプローチに基づき、鳥山氏のような先輩職員をメンターとして若手のまちづくり職員人材育成を行うような仕組みをきちんとシステム化することが今後日本でも望まれるのではないか。

「まちづくり職員」は本質的に英米のプランナーと同じである

英国における協働・参加の計画理論の確立に大きな功績を遺したことで知られるパッツィ・ヒーリー(1940〜2024)氏によるプランナーの定義によれば、プランナーとは中立的傍観者ではなく、あるいは中立的客観的分析者に止まることもない、あるいは単に官僚的プロトコルに従って業務を処理するだけの者でもない。プランナーとは、計画志向をもって場所のガバナンスの実践を担い「公共圏の守護者」としてふるまう専門家である。さらに、プランナーには技術的専門知と市民の経験知を創造的に繋ぎ合わせ、分析的作業に加えて政治的作業も行うことが求められていること、さらに場所のガバナンスの効果的な実践に必要な知識は多様な主体の間に拡散して存在しており、それらを組み合わせて創造的な実践上の判断へと昇華させることができる専門性を有することも必要であるとしている。

さらに、ヒーリーは前述したショーンの理論に言及しており、「計画的志向を備えた専門家の実践とは、状況に従って求められる役割を考え続けること、そしてその役割が解決すべき課題や倫理的要求を肝に銘ずること」としている。[注8]

「公共圏の守護者」という表現はまさに正鵠を射たものと思われる。本書が示している「まちづくり職員」とは、まさにヒーリーによるプランナーという専門家に求められる本質に通じるものがある。行政機構の既存の縦割りの中で官僚的プロトコルに従っているのではなく、上司と時には緊張をはらむ関係があったとしても、みずからの理念と見識、プランニングマインドとともに行動する「まちづくり職員」のあり方を本書は示唆している。

まちづくり職員が育成される仕組み

「まちづくり職員」は、まちづくりの現場で極めて枢要な役割を果たしており、もっと多くのまちづくり職員が育成されるような仕組みが必要となるのではないか。

日本においては、田村明によって、所属組織の相違に関わらない独立したプロフェッションとしての都市プランナー像が１９７０年代前半から提示されてきた。さらに、「市民の政府」としての基礎自治体の中で、プランニングの担う内容が行政組織の縦割りを超えた総合性を必要とする性質をふまえ、総合調整が可能なプランニングを担う組織のあり様を、横浜市における「企画調整局」として実現していた。さらに、田村氏自らが中心となって創設された自治体学会などの場において、まちづくりの思想や自治体職員像のあり方の議論が蓄積されてきた。[注9]

しかし、依然として、自治体において、田村氏の言う都市プランナーに相当するような自治体プランナーが一般的に受容され、活躍できる環境が成立してきたとは言いがたいのではないか。これは、（一部の例外的な自治体を除き）日本の自治体における特有の課題として、行政組織内でのまちづくり職員のキャリア形成システムが確立していないことに起因している。
自治体組織においては、行政職や、土木・建築・造園その他の技術職などを含め、それぞれの職種ごとの典型的な人事慣行があり、それぞれの職種に対応する固定的なポストの枠の範囲内においてさまざまな業務を幅広く経験するように人事異動が行われていると思われる。そして自治体職員は個人的に希望する部署に異動できるケースのほうが少ない可能性が高い。つまり個人として意図するキャリア形成はできず、人事異動の履歴が受動的に累積してゆく中で、たまたま特定分野に強くなった人が「あの人は○○畑の人」と言われるようになる。[注10]
つまり、まちづくり職員あるいはプランナーになるという能動的なキャリア形成を行政組織内で行うことはいまだに困難なのではないか。さらに、分野横断的な内容を伴うまちづくり業務において実績を上げることが、土木職・建築職・造園職それぞれの専門分野ごとの典型的な昇進パターンとは相いれない懸念もあり、組織内の人事面でプラスに評価される状況にあるとは限らない。つまりは、まちづくり職員を組織的に人材育成する仕組みが不在なのである。
また、一般に行政機構は、組織ごとに所掌事務が固定化されており、行政機構の中でその時点の所属部署の組織的意思を代表するようにふるまうことが職員には要請されている。一般に行政職員が、(まちづくりの専門家としての)独立した個人の見識と規範に従って行動できる立場にはない。さらに、現在所属している部署の所掌事務以外のことに携わることは越権となり通常やりにくい。

しかし、まちづくり行政は、既存の縦割り組織のタコツボの内側に止まっていては解決できないような、分野横断的な連携が求められる課題ばかりであろう。志のあるまちづくり職員は、個人としての理念と現実とのはざまの中で、難しい闘いを強いられている。

これらが日本特有の課題であることは、欧米のプランナーの人事システムと比較すると理解がしやすい。日本の行政職員は現在でもある種の終身雇用的な慣行が残っている。一方で、(英米独などの) 欧米のプランナーは公共セクター・民間セクターに限らず、終身雇用ではなく、特定の業務ポストごとに公募がなされる。同一自治体組織内であってもポストを異動する際には公募に応募してキャリアアップを図る必要がある。公共セクターと民間セクター間での転職も珍しいことではない。基本的にはプランナーという専門職能を能動的に選択する中で、プランナーの資格を取得し、特定の組織のみに所属せずさまざまな組織を渡り歩いてプランナーとしてキャリア形成を図ることになる。田村氏が定義した都市プランナーのように、欧米では、特定の行政組織や企業組織の中の一員に一生止まるのではなく、プランナーはプランナーという職能/専門家集団に属しており、独立した個人の専門家同士で連帯しているのである。注11

一方で、日本でも民間のコンサルタントは、いわば自ら民間プランナーとして生活の糧を得るという能動的選択をしている点で一般の自治体職員とは異なる。たとえば林泰義氏に象徴されるような民間まちづくりプランナー像が確立してきているとともに、これに加え、まちづくりの多様な担

い手による活動も社会的に認知されてきた。[注12]
日本都市計画学会では２０２４年に「令和版民間都市プランナー論」という特集が学会誌で扱われた。１９７７年以降これまで５回にわたり「民間」都市プランナーについての特集が組まれてきている。[注13]
これと比較すると、個人として能動的にプランナーという仕事を選択しキャリア形成しようとする「自治体プランナー」像が明確ではない状況の中で、自治体組織内での「まちづくり職員」のあり様についての議論の蓄積はいまだ十分ではない。[注14]
日本の民間プランナーは、請負仕事としての業務上の制約がある場合もある。まちづくりの特定のプロジェクトの社会実装の最終段階において必要不可欠となる政治的プロセスに直接関与する機会が限られる場合もあろう。こうした政治的プロセスに直接対峙してそれを完遂する役割は自治体のまちづくり職員しか引き受け手がいない中で、まちづくり職員は最終的な公共圏の守護者としての覚悟をもって現場の闘いにコミットしている。

まちづくり職員が社会的に認知される仕組みと、民主主義と市民社会のあり様

社会学者の宮台真司は「任せて文句垂れる作法」から「引き受けて考える作法」に基づく参加と自治への転換の必要性をたびたびこれまで指摘してきている。[注15]

本書では「お上に任せているばかりで無責任に文句だけをいう」住民やメディアの存在、旧来型のステレオタイプに類するような「悪代官的官僚像」に基づく行政機構への見方が依然として一部に残っている一方で、自治は住民が主役であること、さまざまな課題を住民が自分事として引き受け自ら考えるようになることとの必要性が指摘されている。

米国の都市計画家のミッチェル・J・シルバーはプランナーの役割を医師、探偵および伝道師に例えて説明している。[注16] まちづくり職員の役割には、実践を通じてまちづくりの理念を広く市民に伝える伝道師の側面があるのではなかろうか。

社会全体の中でまちづくり職員が果たしている役割の重要性をもっと認知されることが求められている。この本を通じて、「公共圏の守護者」として闘っているまちづくり職員への理解が深まることにより、まちづくりに関わるさまざまなステークホルダーが共に学ぶ場が機能するとともに、まちづくり職員の活動がそれにふさわしい信任を社会から得られるようになることを期待したい。

鳥山氏の世代の理念と実践の継承の意義

最後に、鳥山氏のキャリアと東京都特別区のまちづくり行政の展開期との関連について言及したい。鳥山氏の個人的経歴に言及して恐縮であるが、１９４６年生まれの鳥山氏はいわゆる団塊の世代と言われる世代に近い。１９６９年春に大学を卒業された後に、１９７４年に杉並区に採用されるまでの間、民間セクターでのさまざまな業務を経験されている。特に、オランダ・ロッテルダムでの実務経験の際にはロッテルダムの市民参加の現場も直接体験されている。１９６８年以降の市民参加を中心とした公共政策転換の世界的な潮流の渦中にいた世代の一人である。

１９７４年の地方自治法の改正により東京都と特別区の間で都区間の分権が進展し、区長公選制の復活や区の所掌事務が市に近づいた等の大きな制度改革が実施された中で、鳥山氏は区独自採用の1期生として杉並区に採用されている。

この時期に区独自の都市計画審議会の設置、区としての建築行政における2項道路の判定と狭隘道路整備、区独自の建築審査会設置等などが行われ始め、１９８０年には地区計画制度が創設され、いわゆるまちづくりのさまざまな手法が展開してゆく。

杉並区では、筑波移転国有跡地（蚕糸試験場跡地、気象研究所跡地）周辺の不燃化まちづくりが課題となり、鳥山氏はまさにこの担当者として、地区計画の制定や不燃化促進事業の立ち上げ、まちづくり協議会を通じた参加まちづくりの促進などを担ってきた。

さらに、鳥山氏が言及されている原昭夫氏も含めて、特定の自治体職員という枠を超えて、他の自治体のまちづくり職員や民間プランナー、学会等を含めさまざまな専門家との広範な連携に基づき、被災地復興支援等も含めた多様な活動を展開されてきた。まさに、自らの理念に従って行動するプランナーとしての活動を追求されてきたことが本書から窺える。

つまり、鳥山氏は特別区におけるまちづくり行政の創成期の最初の世代に属しており、まさに前例のないまちづくりの数々の実践をリードしてきたパイオニアである。これに加えて、行政組織の数々の制約下で、まちづくり専門家を組織的に育成するシステムが不在の中で、個人として能動的にまちづくり専門家としてのキャリアを追求し自治体における「まちづくり職員」という専門家像を確立しようとしてきたパイオニアでもある。

鳥山氏の世代の闘いの経験を次世代に継承することは喫緊の課題であり、その意義は大きい。この本が、「まちづくり職員」あるいは自治体プランナーについての議論を深める契機となることを祈念するものである。そして、日本においても、いずれ各分野の縦割り組織を超えた共通のプランナーという専門家像が成立してゆくことを期待したい。

2　技術系公務員の専門性を考える

——柳沢　厚（C－まち計画室代表）

一つの論点

前章までを読まれて多くの読者は、「まちづくり」行政の現場の様子と職務遂行上のノウハウに関して多くの示唆を得られたことと思う。「なるほどやはりそうか」と膝を打たれた方、仕事の勘所がよく分かったと思われた方、ボンヤリと思っていたことが明確になったと感じた方等、肯定的に評価された方が少なくなかったのではないだろうか。かくいう筆者も記述の随所で「我が意を得たり」と感じた一人である。しかし、筆者はここであえて一つの論点を提示したいと思う。

その論点とは、こうしたノウハウが技術系公務員の専門性とどう関わるのかということである。こうしたノウハウの習得が職務遂行上重要である点に疑いはないが、技術系公務員がまちづくり行政の主要部分を担うことが期待されているとすれば、彼等（大学で建築、土木、造園等の主として都市や地域の物的環境のあり方に関して学んできた者）の専門性はノウハウ習得に欠かせないものなのか、あるいはノウハウ習得により彼等の専門性が向上していくことになるのか、はたまた専門性を磨くためにはこうしたノウハウ習得のかたわらで別の努力が必要なのだろうか、という点である。

この論点は、「まちづくり」行政は技術系公務員が主として担うべきものなのか、あるいは技術系、事務系の区別なく適性のあるものが担えば良いと考えるべきなのかという問題意識に通ずる。一般市民から見れば、技術系であろうと事務系であろうと真摯に仕事に取り組んでくれれば誰でも良いということになるであろうし、事実、事務系公務員で素晴らしい能力を発揮してこの分野の責任ある立場に就いた人も少なくない。しかし、そうなると後述するように多くの自治体でこの分野を含めた一定の行政分野の要員として技術系職員を系統的に採用していることの意味は何なのかということになる。このような疑問は専門性が突出している領域（IT、医療関係が典型だが、建築や土木の設計・工事部門も該当する）では生じない。その専門知識がなければ職務自体が務まらないからである。だが、そのような領域は公務員の仕事としては限られている。技術系公務員の多く（筆者の感覚では7割程度）は、大学で修めた技術的知識がなくともにわかに困ることはない仕事についている。オンザジョブトレーニング（OJT）で必要な知識やノウハウのほとんどを獲得していると言っても良い。中でも「まちづくり」行政は、建築、土木、造園などいわゆるハード系の技術職が就く仕事の中では最も一般行政的な（つまり専門性が薄いように見える）領域である。本稿における「まちづくり」行政をあえて定義するとすれば、「都市の物的環境（つまり都市・市街地を形成する道路・河川・公園等の公共土木施設、建築物・敷地・空地等の土地利用、両者が接する中間領域）に対しハードもしくはソフトの施策を講ずることにより、都市・市街地での人々の暮らしの改善ないし向上を図るための行政のうち、ハード施設の整備・管理を専らとする行政を除いたもの」ということになるであろう。

そうした仕事であっても技術職のほうが望ましい理由はあるのだろうか。以下この点についての筆者の考えを述べたい。

技術系公務員の状況

本題に入る前に技術系公務員の置かれている状況を概観しておこう。

大学の工学部等の技術系の学科を卒業して公務員となる人は、多くはないが昔も今も一定数はいる。自治体のホームページを見ると各自治体の職員採用状況を知ることができる。たとえば横浜市では、2023年度では696人中155人（約22％）が技術職（医療技術職を除く。以下「一般技術系」を含め同じ）として採用されている。他の年度では少し比率は下がるが、15〜20％程度の比率で採用されていることが分かる。神奈川県では2023年度採用予定数475人中87人（約19％）が技術職である。また、東京都杉並区と文京区の職員白書によれば、2023年度の在職者それぞれ3552人中309人、2105人中113人が「一般技術系」職員である。ここに紹介した「技術職」や「一般技術系」職員には機械、電気、農業などを専門とする者も含まれ、土木、建築、造園といった都市整備や「まちづくり」に直接関わる職員はこれらの数値の6割前後と見られる。

このように土木系、建築系、造園系の卒業生は、都道府県（県土整備部等）、市および特別区（土木部、都市整備部等）にそれぞれ相当数採用され、各組織内で技術分野ごとに緩やかな、あるいは強固なグループを形成している場合が多い。新入公務員は、このグループの状況を見て自身のその後の公務員人生をある程度予測することができる。都道府県および大都市は組織が大きいだけに技術分野ごとの採用人数が多く、グループの結束も強固でグループメンバーの配属先はおおむね固定されており、いわゆる畑違いの配置は例外的である。すなわち、自らが襲うことができるポスト（係長、課長、部長等）がおおむね見えており、それに向かってグループ内で競うことになる。また、技術的な専門性のウエイトが高い部署（土木、建築などの構造物の設計や工事を担う部署など）以外は、課や部は複数の職種で構成されており、その長をどの職種の職員が占めるかは候補者の適性（人格、見識、実行力）とグループ間の力学（そこには首長や議員の意向が絡むこともある）によって決まる。前項でも述べたが「まちづくり」行政は都市や市街地にハードもしくはソフトの施策を講ずることにより、そこでの人々の暮らしの改善ないし向上を図るものである。そのため、その職務の遂行には多様な知識やノウハウが要求され、それに応えることが期待される複数の職種（土木、建築、造園、事務等）が配置されることになり、その長の争奪は他の部署に比べよりダイナミックであるのが一般的である。

一方、人口数万人オーダーの小都市では系統的に技術職を採用することが難しく、アドホックに必要な職種を受け入れるやり方が多いようである。そうなると事後の人事異動についても畑違いの配置にかまってはいられない。適性があればさまざまなポストをこなすことになる。同じ技術系公務員といっても、上記の二つのケースではその公務員のキャリアアップのシナリオは大きく異なる。ここでは前者を想定している。

「まちづくり」行政を技術職が主に担う理由

我が国の近代的な都市・市街地の整備においては、明治期の市区改正条例から震災復興、戦災復興、その後の大都市の人口爆発対応、そして高度経済成長期まで、一貫して道路、下水道、公園といった公共土木施設の整備と圧倒的に不足していた住宅の供給および建築物の不燃化がテーマであった。そのため、そうしたハード施設の整備政策を担う公務員にそれぞれの構造物に関する知識を持った人材（すなわち土木、建築、造園等の技術職）を充てることとなったのは自然の流れである。ただし、技術職だからといって学卒者がそのまま現場で即戦力になるかと言えば、そうでない場合のほうが一般的である。にもかかわらずそこに技術職を充てるのは、現場の知識・ノウハウの習得、そして課題解決に関して一定のアドバンテージがあるからである。

アドバンテージとは何か。一つには現場情報の理解に大学で学んだ知識が役立つこと、二つには課題にぶつかった時その解決に必要な情報を入手するネットワークがあること、三つにはその分野に関して興味と情熱を持続できる可能性が高いことである。この三つのアドバンテージの内容については次項で敷衍するが、これらはもちろん一般論であり個人差は大きい。だが、人事政策としてはこのアドバンテージを前提とすることには合理性がある。

しかしながら、１９７０年代初頭に経済の高度成長が終焉した頃から、都市・市街地の環境の改善・向上には単に物的条件を整えるだけでは不十分で、人々が暮らしの充実のためにそれをいかに有効に活用できるかという優れてソフト的な視点が重視され始めた。バブル崩壊以降その傾向はいっそう強まるだけでなく、地球環境問題や人口減少を背景とした都市の持続可能性の視点が大きなウエイトを占めるに至っている。こうした都市・市街地の環境に関するいわば価値観の変化は、「まちづくり」行政を担う公務員の専門性にも影響せずにはおかない。これらの変化に対応する新しい専門性の要請に技術職が応えられなければ、この行政分野を「技術職が主に担う」状況は継続されなかったはずである。多くの自治体で技術職が相当の比率を占めている現状は、技術職が時代の要請におおむね応えてきたためではないかと思われるが、一方で事務職や環境分野の技術職が担う領域も拡大しているように見受けられる。また、大学も送り出す卒業生の専門性を時代の要請に対応させる方向にシフトさせ、環境共生、まちづくり、エリアマネジメントといった時代に即応したテーマを土木、建築、造園等の学科が取り上げてきている。

余談になるが、生成ＡＩの出現によって公務員の勤務環境はどのように変化するのであろうか。この点についてはまだ予測できる段階ではないが、「すべての分野に精通する物知り博士が隣に座っている」ような状況はそう遠くない将来の姿ではないだろうか。そうなった時、技術職のアドバンテージは残っているのだろうか。一つ言えることは、「興味と情熱」は人間固有の感情でありその持続がキーとなるのではないかということである。

技術職のアドバンテージについて

技術職が持つ三つのアドバンテージについて少し詳しく見てみよう。

一つ目の「現場情報の理解に大学で学んだ知識が役立つこと」については、補足すべきことはあまりない。その分野に「土地勘」があるという感じのことで、使われる専門用語の意味や背景を知っている、現場の状況の飲み込みが早い、問題や課題の位置関係が理解できる場合が多い等である。ただし、大学での専攻が別分野である場合このアドバンテージはあまり期待できないので、次の二つ目のアドバンテージでカバーすることになる。

二つ目の「課題にぶつかった時その解決に必要な情報を入手するネットワークがあること」は、三つのアドバンテージの中で最も実質的なものである。新人段階であれば理解しにくい情報や状況に遭遇することは少なくない。職場の先輩に訊いて理解できればそれで良いが、仕事の進行具合の中で質問の機会を逸する等それができない場合がある。そんな時、学生時代の教科書を調べたり、大学の同級生や先輩に訊いたり、それでも分からなければ大学の恩師の教えを請うこともできる。中堅スタッフとなった段階ではさまざまな課題に対して解決策の手がかりを自ら見出していかなければならない場合がある。解決策自体は所属する組織内で検討して決めることになろうが、検討の方法・方向を見極める材料がなければ前には進めない。そんな時、それまでに培ってきたネットワークがものをいう。他自治体の類似部署担当者、民間企業の専門家（具体的には都市計画コンサルタントや開発事業担当者など）、その方面の大学の研究者、研究会活動等で知り合った友人等々。事柄に応じて適任者と意見を交わして手がかりが得られる場合は少なくない。もちろん、学会誌などの論文情報から手がかりが得られることもあり、これも有力なネットワークである。

三つ目の「その分野に関して興味と情熱を持続できる可能性が高いこと」は、専門的な情報もインターネットで入手できるようになった今日、専門性を期待されている公務員に残された最後のアドバンテージかもしれない。興味と情熱が持続できればネット情報にも生成ＡＩにも追い越されることはない。「まちづくり」における興味と情熱の持続とは、つまるところ都市や市街地のあるべき姿を追い求める心（「それこそがプランニングマインドである」と言ったのは２０１９年７月に他界された畏友水口俊典氏＝芝浦工業大学名誉教授だが、卓見である）を持ち続けることである。プランニングマインドを持ち続けることができれば、二つ目のアドバンテージのメンテナンス（たとえば学会、ＮＰＯ法人、任意研究会、社会人大学院などを通じて「まちづくり」に関する新しい動きや考え方を知り、貴重な人脈を得る等）に励むことができ、前例のない困難な問題に直面したような時にもそれを乗り越える気力とアイデアが生まれる可能性が高い。

見方を変えれば、どんな職種の人であってもプランニングマインドを持ってことにあたるようになれば、その人はすでに「まちづくり」分野の専門家に向かって歩き出したことを意味する。つまり、プランニングマインドの持続こそが専門性のキーなのである。

ある市長のひとこと

10年ほど前のことである。ある自治体の都市計画部局が民間コンサルタントに調査委託をしようとしたとき市長から次のように言われて苦慮している、という話を耳にしたことがある。市長曰く「何のために技術系職員を採用しているんだ。その程度のことは内部で処理できるのではないか」。委託しようとする内容がどんなものかを聞きそびれたので、市長の発言が的外れなのかそうでないのかは分からない。しかし、この発言は「まちづくり」の業務に関してインハウスで担う領域と外部コンサルタントに委ねるべき領域とがどうあるべきかを考えさせるものであり、そしてそのことは技術系公務員の専門性の内容とも関わりが深いと思われる。

「まちづくり」の業務に関連して外部に委託される調査は多様であるが、図7のように調査計画の難易と作業量の大小の二つの軸の中に概念的に位置づけることができるであろう。図は多くの自治体で実施されている調査のいくつかを筆者の感覚で仮置き的に配置したものであり、個別の条件によって各調査の図中の位置は大きく変化する。

この図の第Ⅲ象限にくるような調査は、特別なノウハウを要するものでない限り担当課に業務上の余力があればインハウスで行うことができる。第Ⅳ象限にくる調査は、作業効率の面で外部委託の優位性がハッキリしており、作業内容に迷いが少なく外部委託にあたっての委託者と受託者の役割も明瞭である。問題は第Ⅰおよび第Ⅱ象限の特に上方にくる調査（調査計画が難しい調査）である。調査計画にはa調査目的、b調査成果の目標、c目標達成のために必要な調査検討事項、d調査検討事項具体化の方法、e調査期間、f調査

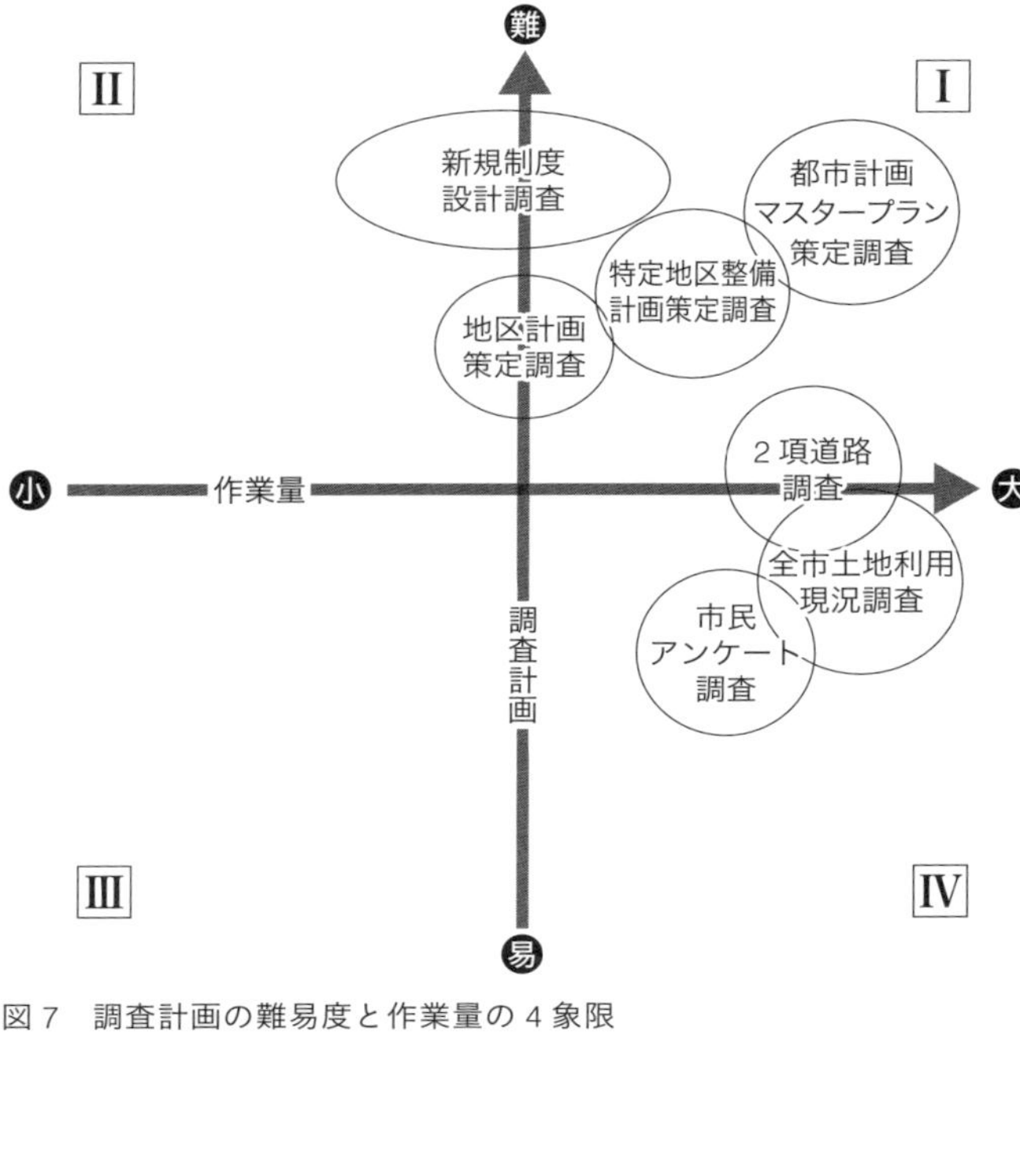

図7　調査計画の難易度と作業量の4象限

予算といった事項が想定され、これらは委託仕様書に記載されることになる。ａとｂ（その調査によりどんな成果物を得て、それをどのように活用してどんな行政需要に応えるのか）については、委託者（つまり行政職員）が責任を持って書けなければならない。ｃとｄについては職員が事前勉強（先行自治体職員やコンサルタントスタッフからのヒアリング等）をして作成することが多いが、この部分を実質的に受託者に委ねるケースも少なくない。ｅとｆは本来ｃとｄが具体的にイメージできなければ定まらないものだが、役所ではｅとｆはあらかじめ予算で決定している場合がほとんどであるので、その条件の中で可能なｃとｄを見極めるようなことになるのが一般的である。

さて、委託調査が所期の目的を達するかどうかは、ａとｂが明確であるとすればｃとｄの質にかかってくる。筆者の経験からの見立てでは、ｃとｄを受託者に「丸投げ」した調査はほぼ失敗するし、受託者の知恵や意見を入れずにｃとｄを委託者が独断専行した調査も失敗する。難しい調査ほど委託者と受託者が「走りながら協議し、知恵を出し合う」ことが欠かせない。こんな調査を経験した担当者はきっとプランニングマインドを実感できるのではないかと思うのである。

あとがき

自治体が住民をはじめ、多くの人びととの「参加と協働によるまちづくり」に取り組むと言うとき、異論を唱える人はまずいないでしょう。

しかし、ひとくちに参加と協働のまちづくりと言っても、それは、あらかじめきれいに整えられた階段を上っていけば、予定どおりの成果が得られる、といったものではないのではないか――失敗、ハプニング、試行錯誤などはつきもので、それゆえ、まちづくり職員にはクリエイティブで熱意ある取り組みが必要ではないか――私は、そんな視点から、かねて「自治体まちづくり職員論」とも言うべきものをいつか著し、広く伝えたいと考えていました。

そうした思いは、私が折にふれ交流を続けてきた原昭夫さん（東京都、名護市、世田谷区の3自治体でまちづくりに携わった）も同じでした。とくに、東日本大震災のすぐ後から原さんが体調を崩すまでの4年余りの間、高田馬場駅近くのＮＰＯ復興まちづくり研究所の小さな事務所で、ほとんど毎日のように顔を合わせ、語り合うことがしばしばでした。

原さんは、参加・協働のまちづくりに向け、いざ現場へとなると、自治の主人公たる住民の思わぬ反対や場違いの言動など（そして、みずからの非力も含め）、予想外の事態に「立ちすくむ」ことがよくある。それを乗り越えないと好ましい成果は得られないのではないか、というのが持論でした。

私もまったく同感でした。

原さんが2018年暮れに病魔に倒れ、共著は不可能となってしまいました。その後、新型コロナの感染が爆発的に広がり、私自身が罹患するなど、いくつかの曲折を経てまとめたのが本書です。

本書をまとめるにあたってたくさんの方々にお世話になりました。職場の先輩、仲間、友人をはじめ、住民、事業者、研究者などの皆さん――そして、当然のように夜遅く帰宅するのを辛抱強くサポートしてくれた家族にも心からお礼を申し上げます。ことに本書を書き進めるに際し、杉並区そして狭山市のいろいろな部門の職員が快く資料を提供してくれました。また、阿佐谷パールセンターの小川勝久さん、丸山俊一さんからは商店会の30年前の苦労話を伺いました。

筑波大学の有田智一先生には、自治体のまちづくりに欠かせない現場での総合的な解決など、まちづくりの基本となる幅広いテーマについて改めて多くを学びました。C－まち計画室の柳沢厚先生には、まちづくり職員の情熱、プランニングマインドの大切さなど、貴重なアドバイスを頂戴しました。両先生のご寄稿は、本書の価値をいちだんと高めています。言いようもないくらいありがたいことです。

発刊に際して、学芸出版社の前田裕資氏には本書の内容への厳しい指摘をいただくと同時に、何度も励まされました。深く感謝の意を表します。

2024年6月　鳥山千尋

注釈

第1章

1　当該の地区に住んでいる人びとだけでなく、企業や不在地主、事業者や来街者などの区別なく広く呼びかけるのであるが「住民説明会」と呼ぶことが多い。本書でも特段の注がなければそうした趣旨で使用する。

2　まちづくり協議会については、たとえば『まちづくり協議会読本』（大戸・鳥山・吉川、学芸出版社、１９９９年）、『都市計画とまちづくりがわかる本』（伊藤・小林・澤田・野澤・真野・山本、彰国社、２０１１年）など多くの論述がある。

3　東京の港区南青山に区が建設した子ども家庭総合支援センター。２０２１年4月1日のオープンを前に、武井雅昭区長（当時）は「いろいろな意見があるなか、理解を得る努力を重ねてきた。公共施設は必要な場所につくるのが区の考え。今後もすべての子ども・家庭のために役立つ施設にしていきたい」との趣旨を述べた。

4　参加・協働の場として「まちづくり懇談会」「まちづくり協議会」がよく設けられる。ともにある程度（半年から場合によっては数年）の期間をかけ、住民をはじめ、まちづくりに関係する人びとをメンバーとして話し合いを行う参加・協働の方法である。懇談会も協議会も行政サイドが参加メンバーを公募するケースが多いが、懇談会は、会としての考えをまとめることは必ずしも求められていない。つまり、そこでの議論を行政ができるかぎり斟酌する、とのスタンスで進行する。会の規約なども設けないか、ごく大雑把なもので良い。

「まちづくり協議会」は、行政が呼びかけ、あるいは住民の発意で設けられる地区のまちづくり計画をつくるための話し合いの場である。議論のまとめを行政に提案することを目的とするものが多いが、まちづくり計画にもとづく実践活動を行うケースもある。協議会の規約、役員などを定め、それに即して進行する。行政が呼びかけた協議会では職員が事務局を担い、アドバイザーとしてコンサルタントが加わるのが一般的である。協議会として地区内の住民などにまちづくりニュースで活動報告を行ったり、行政への提案の前に説明会を開催することもある。

5　注4参照。

6　区は、M地区のまちづくり計画のパンフレットを区役所などに常備するほか、年に数回、まちづくりニュースを発行、地区の全戸に配布するなど、まちづくりの周知を図ってきた。この道路の計画、整備の方針については、長いまちづくりの経過のなかで、10年以上前に定められた地区計画に明記されている。宅建業界も重要事項として告知するなど、土地建物等の売買などにあたっては適切な対応を行ってきたと考えられる。

7　この計画を実現するためには、開発許可や建物の高さ制限の例外許可などが必要であった。それらをスムーズに進めるためには、地元自治体である杉並区の意向が大きく影響する。

8　筆者らは入庁してすぐ新任職員研修を受ける。研修ではしばしば「地方自治は民主主義の学校である」（英国の政治学者ジェームス・ブライス（１８３８〜１９２２）の言葉）と教えられた。そんなことをふだんはたいして意識せず仕事をしているが、忘れてはならない格言である。

9　この記述について筆者が感想を求めた弁護士Ｏ氏から、以下の興味深いコメントをいただいた。

筆者へ――昔は、マンション建設反対の立て看板や幟《のぼり》が出ていたことを思い出します。住民も、初めての経験でエキサイトしていました。それにしても、ハンドマイクは隠して持ち込める大きさではないので、当然、入り口でチェックすべきでしたね。こうした失敗経験を重ねて、賢くなっていくものです。裁判所の法廷でも、ヘルメット、ゲバ棒の持ち込み禁止などと以前は書かれていましたが、今はそんなことはありません。しかし、今でも、ヘルメットは禁止です。傍聴するのにヘルメットは不要です。刑事事件で問題になるのは「遺影の写真」です。以前は、被告人に無言の圧力を与えるという理由で一切禁止されていましたが、今は、遺族の気持ちを尊重して、全面禁止にはしていないようです。

まちづくりの仕事は、たとえば、戸籍・住民登録などを扱う仕事のように、決められたことをそのとおりに進めるものでなく、何が起こるか分からないし、自分でいろいろと工夫しなくてはいけないことが多いだけに面白い仕事だと思います。

10　現在、防災機能を備えた杉並区立桃井中央公園（通称・桃井原っぱ公園）を中心に、高層の集合住宅、保育所、学童クラブ、スーパーマーケット、介護老人保健施設などが整備されている。日産からは、用地の売却先については公的な利用を優先したいとの意向が表明されていた。ちなみに当地は、戦闘機・隼の生みの親とも言える糸川英夫博士の指導のもとに戦後わが国初のロケット（ペンシルロケット）の生まれた地である。

11　防災公園街区整備事業の基本的な枠組みは、本文に記したとおりであるが、付け加えると、防災公園の整備は、区の意向をもとにＵＲが行い、2年あるいは5年の据え置き期間の後、区がＵＲに15年あるいは20年の割賦で返済するスキームである。公園は都市計画として定め、整備には国庫補助などが優先的に適用される。URは、用地の一部に賃貸住宅を建設するほか、民間事業者に分譲マンション用地等として売却することが可能である。市川市大洲地区、三鷹市市民センター地区など全国で20余りの取り組みが行われている。桃井三丁目地区は全国で3番目の事業である。

12　用地は長らく工場であったことから、トリクロロエチレンなどによる土壌・地下水の汚染が明らかとなり、用地や周辺への影響の除去が大きな課題となった。その後、現地には土壌の有害物質を取り除くための仮設の工場が設けられ、半年ほどの間に解決を図った。

13　この懸念はもっともであるが、それによって跡地全体の土地利用の構想が好ましいものではない、とする見解を繰り返し主張されたのは残念だった。20年余り経た今日、交通量は反対住民が懸念したほど多くないし、工場の高い塀が周囲と隔てていた当時と比べ、みどりの多い心地の良い道となっている。

14　忘れてはならないのが、カウンターパートであるURの職員の姿勢である。筆者らとの意見交換をいとわず、柔軟な姿勢を貫いてくれた。また、土壌汚染への対応では多くの専門家や事業者などにお世話になった。区でこのプロジェクトをともに進めた企画課長、公園課長や多くの職員にも感謝している。財政担当の課長にも年賦での償還とはいえ、厳しい財政事情の最《さ》中、4ヘクタールの公園を買収する決断をいち早くしてもらったことは大きい。

第2章

1　配布時のリスクを回避するため、二人一組で配る、現地での集合場所や時間を確実に守る、携帯電話を活用する、腕章や名札をつける、などの工夫がいる。できれば、自治会、商店会の役員などに配布について事前に伝えておきたい。

2　本書は、まちづくりといっても、主な内容は、いわゆるハード面でのまち・地域に関わる分野である。しかしながら、たとえば、安全・安心で魅力的なまちをつくろうというとき、必要なのは道路、河川、公園、上下水道といった（ハード系と言われる）インフラ整備ばかりではない。たとえば、建物の建て方、運営のルール、さらにはゴミやエネルギーなどの環境問題への対応、高齢者や子どもたち、障害のある人びとなど、ハンディキャップのある人びととの共生なども視野に入れる必要がある。つまり、暮らし・コミュニティのありように至るさまざまな要素が関連している。

3　「まちづくり推進会議」は、筆者の勤務した杉並区のまちづくりに関する土木、建築、都市計画などハード系の部門に加え、企画政策部門で構成されたかなり上位の会議で、これをクリアーすれば、区長をリーダーとする政策調整会議でもふつうはＯＫが出る、という仕組みである。

第3章

1 広場のほぼ中央から南側にかけて植えられている何本かのメタセコイアの一つにイルミネーションがひと月余り飾られる。メタセコイアの樹高を30メートルと見立て主催者（商店会を中心とした人びと）がＰＲした。ビルの壁面などにかけられたのでなく、生きている樹木に飾られたものとしては都内でいちばん高いと自慢する気持ちからだ。これらのメタセコイアは、イルミネーションが飾られる15年余り前になろうか、杉並区の植樹祭がこの広場で開かれ、植えられた苗木である。このなかには、招かれた大関・若三杉――当時、阿佐谷にあった二子山部屋に所属。後の2代目横綱若乃花――が植えたものもある。

2 地元の二つの商店会が資金を出し合い、始めたのであるが、万にも及ぶ数の小さな電球を高い木に飾るのにはクレーン車が必要である。電球や電線、それらの支線、電気代など、今なら数百万円はかかるだろう。発起人らの商店会は、地元では力のある商店会ではあるが、資金捻出に相当頑張った。

3 広場の図面に、たとえば、イルミネーションの設置位置、高さなどを記載した、いわば「計画図」は、本来、主催者が作成し、区の土木部門へ提出すべき広場の使用許可申請書の一部である。しかし、まちの人びとからすれば、広場の図面を添えてほしいと言われても困惑するだろう。区の担当者が広場の図面のコピーを主催者へ提供するだけでも助かるに違いない。おかしな許可申請ならともかく、緊急を要するこのケースではこうした協力はまちの人びとにとって「強い味方」である。

4 たとえば人口だけで言うと、最大の世田谷区は約94万、最小の千代田区では6万7千余である（東京都総務局統計部資料２０２３年1月1日）。千代田区の昼間人口は百万を超えると聞いたことがある。世田谷区の人口は和歌山県全体の人口に匹敵する。都道府県別人口の最小は鳥取県の54万余りである（２０２２年10月の推計人口）。

5 かつて筆者は静岡県の南伊豆町の「生涯活躍のまち」事業の計画策定支援に3年ほど携わったことがある。町の人口は約9千。トップと職員との関係は、筆者が長く勤務した杉並区とは比べものにならないくらい濃密なように感じられた。

6 地方公務員法第32条。また、ここでは詳しくは述べないが、第7章1節に記すように、機を見てのトップへの新たな施策の提案も職員のだいじな役割だ。

7　駅前広場の面積の基準は、乗降客数、発着バス路線、タクシー利用など、広場の利用のありようから算定されるが、荻窪駅北口の場合、基準面積のおよそ半分しかない。

第4章

1　『日経アーキテクチュア』ニュース時事欄２０２２年２月24日号など。

2　これは、けっして「言葉狩り」ではない。そうした人びとへの配慮を抜きに好ましい協力が得られることはないと考えるからだ。役所の職員がエライのではない。

3　たとえば、実際に、東日本大震災の被災現場では、当面の困難をいかに凌ぐか、暮らしを立て直すための福祉・生活相談、法律相談などが専門家グループによって行われ、多くの被災者を支えた。たとえば、中野明安「被災地における弁護士の役割」（日本弁護士連合会『自由と正義』２０１３年1月号）

4　都市計画マスタープラン（都市マス）や地域防災計画などに地区の課題や取り組みの基本的な方向が示されていることがふつうである。そうした素地がなければ、まちづくりに乗り出す必要もないからだ。

5　基礎調査を行政の内部のみで行うことも可能である。この場合、相当なマンパワーが必要である。通常の仕事との兼ね合い、それ以上にコンサルタントの広い知見を活かすというポジティブな意味からも業務委託が妥当な事案は多い。

6　ここでは、基礎調査段階での住民との協働を想定していないが、基礎調査の段階から住民とともにワークショップを行うなどにより、たとえば、まちの安全要素、不安要素など分かりやすく地図化する試みも十分考えられよう。

7　参加・協働のまちづくりの方法のあらましについては、本書の第1章1～3節などで、述べている。それらのなかから、課題にいちばんフィットする方法を選ぶことがだいじである。

8　この仕事については、本書の第7章1節でも述べている。杉並区の景観まちづくりのいわばパイロット事業である。コンサルタントへの業務委託契約は、杉並区の場合、係員あるいは係長が起案し、筆者（課長）と部長の決裁である。課長職である筆者の責任は重い。

9　コンサルタントの若い担当者がまちづくりの勉強をどのくらい積んできたかにも原因があろうが、むしろコンサルタントの組織のありように問題があると思う。むずかしい課題を前に放り出されたような担当者も気の毒である。

10　たとえば、中野区と杉並区にまたがる警察大学校跡地の土地利用計画である。中野区が対象地区のほとんどを占めているが、杉並区にも1ヘクタール弱の関連施設用地があった。また、跡地の西側には狭い道路を挟んで杉並区の住宅地が広がっている。現在、中野区ではＪＲ中野駅や周辺の密集市街地などを含む大規模な都市再生整備プロジェクトを展開している。

11 一定の規模以上の建築物の確認申請には国交大臣認定のソフトを用いた構造計算書が必要であったが、それをＡ1級建築士が改ざんしたのを行政の建築主事や民間の確認検査機関が見抜けず、安全基準を満たしてない建物が多数建設、販売された。

12 関係会議での議論とあわせ、新たな動きや不明な点などについて、担当者レベルの電話連絡などもしばしば行われた。

13 これにより、構造審査などの厳密化が行われた（後に緩和措置が取られた）。このため、審査事務が滞り、着工件数が大きく減じる事態が発生した。

14 背景には、建築基準行政の統一的な運用を図るため、総元締めとも言える国交省が都道府県、市区町村をネットワーク化してきた歴史的な経緯がある。

15 ＰＦＩ（Private Finance Initiative）は、わが国では１９９９年に施行された「民間資金等の活用による公共施設等の整備等の促進に関する法律」にもとづき、公共施設の建設、維持管理、運営に民間の資金力、経営力、技術力を活用する手法。公共施設の企画、計画段階から事業全体を通じて民間の能力を幅広く活用する。杉並区では区立公会堂の建て替えにあたってＰＦＩを導入している。

16 杉並区立杉並芸術会館「座・高円寺」は、区における本格的な劇場として２００９年5月にオープンした。舞台と客席が自由にレイアウト可能な1階の座・高円寺1、固定座席の座・高円寺２（それぞれ観客席約２３０、２５０）。敷地はもと区民会館と保育所があった区有地。工事費総額は、極めて大雑把であるが、約30億円。年間の運営費用は指定管理者への支払い（指定管理料）を中心に約2億5千万円としていた。ちなみに「座・高円寺」の名称は、開館準備の一環として区が公募して決まった。ロゴマークの「座」は、ノーベル賞博士の故・小柴昌俊氏に無理やりお願いして書いていただいた。まとめのデザインは女子美術大学の気鋭、佐藤真澄教授（当時助教）である。

17 筆者は、区の建築担当部長在職時に区立劇場の設計者選定委員会（委員長 古谷誠章氏）の委員であったことなどから、まちづくり担当部長を経て、定年退職直後、２００７年４月から2年半杉並区の文化行政担当の非常勤参事として、座・高円寺の開館準備等を担当した。

18 区は座・高円寺の開館に先立つ2年半ほど前からＮＰＯ劇場創造ネットワーク（ＣＴＮ）を指定管理者として定

め、準備を進めた。当時、ＣＴＮの代表は「上海バンスキング」などで有名な劇作家の故・斎藤憐《れん》氏。この頃には「区立杉並芸術会館」という正式名称しかなかった。

19 区民生活部管理課と文化・交流課 課長をはじめ、職場を挙げて頑張った。部長も細かなことは言わず、かなりの部分を任せてくれた。

20 事務局は区の担当部門。

21 建物の設計はプロポーザルで1等となった伊東豊雄建築設計事務所。施工は大成建設。区の営繕課が工事全体を総括した。

22 もとの「高円寺北一丁目」が「杉並芸術会館座・高円寺前」に変更された。地元町会、商店会の署名活動のおかげである。Ｋバス会社がいち早く対応してくれた。

23 阿波おどり振興協会は区とのパートナーシップ協定にもとづき、さまざまな局面で座・高円寺と連携している。夏の催しは、もともと高円寺の商店会の人びとが立ち上げ、本場徳島に学ぶなど苦労して育て上げたものである。座・高円寺との提携は当然のことと受け止められた。

24 地下3階のけいこ場などをベースに2年制の「劇場創造アカデミー」を開設している。広く受講生を募り、次代を担う俳優、劇作家、舞台美術、音響、衣裳スタッフなど、演劇人を育てようとの意欲的な試みである。

25 現在、区が主催する「杉並芸術会館運営に関する懇談会」（座・高円寺運営懇談会＝発足時は「評価委員会」）も、その一つと言って良い。委員長の松原隆一郎氏のほか6名の委員で構成。座・高円寺の事業の検証、それにもとづく区、指定管理者とのより良い運営のあり方についての意見交換を目的としている（4章図4）。

26 座・高円寺の建設工事を区として総括的に監理するのは営繕部門の職員である。筆者らが指定管理者や芸術監督の要望などを背景にややこしい注文を出すのに閉口したようだ。それにもめげず、開館準備の最後まで粘り強く対応してくれた。

第5章

1 過疎化の激しい山間部などでは議員のなり手がいない、といった地方自治の危機的な状況もあるようだ。２０２３年2月28日の朝日新聞（朝刊）によると、全国１７８８の都道府県市町村議会のうち、直近の選挙で２７１の市町村が無投票であり、議員のなり手不足が深刻化しているという。こうしたなかで議員となるのは都市部とは違う厳しさがあるということだろう。

2 たとえば、昭和50年代末（１９８５年頃）の筑波移転の国有研究施設跡地の一つ「蚕糸試験場跡地周辺の不燃化まちづくり」は、当時制定されて間もない地区計画制度を軸に不燃化の促進（助成や相談対応など）、防災上重要な道路の拡幅、ブロック塀の高さ規制と緑化の促進、建物の意匠（色彩や看板）の制限などを重層的に進める防災まちづくりである。『まちづくり協議会読本』前出（第1章注2）、日本建築学会編（２００５）『まちづくり教科書 第7巻「防災まちづくり」』丸善出版、などに詳しい。

3 参加のまちづくりに罰則は必要ない、というのがこの会派の主張であった。

ちなみに、この二つの地区に定められた地区計画建築条例（建基法第68条の2）は、わが国で最初の事例である。

4 このような不動産業界の観点は、都内M区における児童福祉施設の建設への反対運動と似かっている（本書の第1章2節）。M区の反対運動も、ある不動産業者の「地価が下がる」との主張が起点の一つとなっているとの報道がなされていた。

5 第5章1節とその注2、第5章3節の注7参照。

6 杉並区の都計審は、地方自治法の改正を受け、１９７５年10月に第1回が開催された。議案は係員として担当していた生産緑地地区の指定であった。当時、区長公選制の復活や都からの事務移管などがあり、初めての都計審ということで委員はみな意気込んでいた。

7 たとえば、「蚕糸試験場跡地周辺地区不燃化まちづくり」。筆者は所管課の係員として同僚と力を合わせ、イラストをたくさん盛り込んだまちづくりニュースを次々と作り、当該地区の全戸に配布した。地区に配布する前には必ず区議会議員に配るのはもちろん、区議会の委員会への折々の報告、さらには、都計審への議案の説明資料としても使用した。

8 本書に寄稿いただいた有田智一教授によると、米国では都市計画委員会の委員に就任すると、（アメリカ都市計画協会などの）公益団体や自治体が発行するハンドブックを用いて、委員の任務や倫理的責任、都市計画制度の体系などを学ぶために研修を受ける方法が一般的である。なお、都市計画委員会は、わが国の都市計画審議会に比較しうるが、より広範な権能と責任を有しており、意思決定に関わるさまざまな場面で公聴会を開催する役割もある。

9 黒川洸《くろかわたけし》、都市工学者。筑波大学や東京工業大学などで教鞭をとるかたわら国や都道府県、市区の都市計画、交通計画など多くの行政委員会、専門委員会の委員を歴任。杉並区の都計審委員を長年にわたり務めていただいた。２０２３年9月13日逝去（享年82）。

10 建築審査会は、建築基準法第79条にもとづき都道府県と建築主事[※]を置く市区町村に設けられる。委員は、5名または7名で構成され、法律、建築、行政、都市計画、公衆衛生などに関する学識経験者から首長が任命する。主な任務は、建築基準法の例外許可についての同意、確認や許可などの処分について不服審査請求の裁決、建築行政の調査や建議などである。審査会は、建築行政の「お目付け役」と言われたりする。杉並区では専門調査員を含め、法律、建築行政、都市計画、防災（消防）の専門家が選任されている（建築基準法第79条第2項）。

【※】建築主事とは建築確認や検査を行う役割を担う公務員であり、東京23区では、建築行政を担当する部長、課長、審査担当の係長などが区長から任命されている。１９９８年の法改正により、広く民間の指定確認検査機関の建築基準適合判定資格者はこれに相当するようになった（いわゆる民間（建築）主事）。

11 以前、筆者が23区の建築技術職員研修の講師を務めたとき、ある区の受講者が「私たちはまちづくり（の一環）として建築行政にあたっています」と堂々と述べたのに感心したことがある。注10の【※】に記した民間の指定確認検査機関による建築確認が増え、自治体の建築確認が激減するなか、建築行政の力量の維持は大きな課題である。

12 共同住宅であれば、路地状敷地のいわゆる旗竿の竿に相当する部分の幅が厳しく定められているほか、２方向避難を可能とする接道や窓先空地、避難経路の要件や建物の防火性能などが建築基準法令で厳しく定められている。また、1住戸当たりの面積や管理人の設置などが自治体の指導要綱に定められていることが多い。戸建て住宅とほぼ同様に位置づけられてきた長屋にはそうした制限が及ばなかった。このため、周辺住民の反対を押し切って防火、防災、環境保全などから深刻な事態を惹起する恐れのある「3階建て長屋」が路地状敷地で「適法」に建築された。

第6章

1 BS－TBS「噂の！東京マガジン」２０１９年4月28日放映。現場は、ＪＲ西荻窪駅の高架下を含む南北の通りの都市計画道路補助１３２号線（計画幅16メートル・現況幅11メートル）の延長約1キロ（うち事業認可部分は約６００メートル）ほどの区間。事業認可は２０２０年4月。

2 都内における都市計画道路の計画の決定時期や実現（開通）までに時間がかかる事情、また、今後着手すべき道路や公園が多くあることは調べればすぐに分かることである。この番組について言えば、記者の不勉強あるいは意図的なネグレクトだろう。ちなみに、かつて話題となった都心部のマッカサー道路（環状2号線、新橋・虎ノ門、幅40メートル）の開通は２０１４年3月。計画が決まってから68年が経っている。

3 道路計画に土地（敷地）が含まれる場合、建築する際には建築確認申請とあわせ、区や都に許可申請を行うことが求められる。コンクリート造や地下室の禁止、地上３階までとするなどの制限がある（都市計画法第53条など）。なお、土地・建物の売買等には重要事項説明書にそうした制限について記載が義務づけられている（宅地建物取引業法第35条など）。

第7章

1 都市マスが自治体のまちづくりの基本方針として位置づけられている以上、その内容を実行計画や財政計画にできるかぎり連動させるのが「オーソドックスな自治体」である。そうした自治体では都市マスに掲載されているか否かが年度ごとの予算や人員の配分に大きく影響する。

2 この頃、東京23区の他のいくつかの区でも、同様の動きが進んでいた。23区のまちづくりが一斉に開花しつつあった時期である。

3 次年度の予算案に計上するには、まず各課レベルで前年の秋に予算要求の素案を作成する。その際、トップから予算編成にあたっての基本的な考え方、たとえば、実行計画に掲載された事業が優先される、あるいは特定の重点施策が示されたりする。財政ひっ迫の折には一律削減の目標が設定されることもある。その後、部レベルでの調整、政策経営・財政部門のヒアリングやトップの査定といった段階を踏む。区議会への当初予算案の提示は、ふつう正月明けとなる。第1回定例議会で審議され、可決されると正式に当初予算として新年度に執行可能となる。

4 筆者は２０１１年8月から２０２１年7月末まで狭山市の都市計画審議会の委員。２０１５年10月からは会長を務めた。

5 野澤千絵氏の『老いる家 崩れるまち』（２０１６年11月、講談社現代新書）は、都市近郊では人口減少の一方で住宅の建設が増え続け、多数の空き家が生じている状況を明らかにしている。狭山市に隣接する川越市のフィールドワークなどから、なお進行している無秩序なスプロールの弊害を指摘し、早急に取るべき施策を提示している。

6 狭山市は、茶の生産のほか、ゴボウ、サトイモなど根菜の産地としても知られている。後継者不足の一方、大都市に隣接するメリットをさらに活かそうと、若い意欲的な営農者も育っているようだ。

7 ＳＤＧｓ（持続可能な開発目標）は２０１５年の国連サミットで参加１９３か国の全会一致で決定した。貧困をなくす、住み続けられるまちづくりをなど、グローバルな17の目標について２０３０年までの取り組みを定めたもの。自治体の都市マスに掲げること自体に反対はないと思うが、それを具体的にどう市のまちづくりを通じて実践するのかが問われている。

8　このような意味から感心したのは、公益社団法人日本建築家協会（ＪＩＡ）のリーフレット『ＳＤＧｓ×建築家』である。「大切にしています、建築と向き合う４つの心得」として「きちんとつくる」「だいじにつかう」「すてずにいかす」「ちいきへつなぐ」が分かりやすく示されている。

9　狭山市の都市マスには、そのほか、新たな重点事項として、水防の充実が掲げられた。近年の気候変動による風雨の激甚化を考えると、市域をほぼ東西に分ける1級河川（入間川）や中小の水路などの溢水・氾濫による災害がおおいに危惧される。このため、国・県への働きかけ、流域自治体間相互の連携などが盛り込まれた。

10　筆者は、阪神・淡路大震災の発災（１９９５年1月17日）から2週間ほど後、日本都市計画学会、建築学会の要請に応じ、関連職場の二人とともに被災状況調査に参加した。また、その後、神戸市長田区での被災証明書の発行事務の支援などに課の職員数人を派遣した。

11　たとえば、東京の23区（特別区）全体では２０１２年度末まで（発災後1年余り）約6千人（滞在日数にかかわらず従事した職員数の総計）を派遣。２０１３年４月１日時点で中長期を中心に１００名を派遣（『区政会館だより』２０１３年5月号、特別区長会事務局ほか）。この頃、筆者はすでに杉並区の「現役」を退き、区内の社会福祉法人が運営するデイサービス施設の所長として勤務していた。

12　研修は２０１３年11月5日実施。特別区職員研修所は、東京23区の人事厚生事務組合の一組織。また、この研修は故・原昭夫氏（世田谷区などのＯＢ）、研修所職員とともに取り組んだ（『都政研究』同年12月12月号など）。ちなみに筆者は、東日本大震災の発災をきっかけに、阪神・淡路以来の仲間とそれまでの「仮設市街地研究会」を改組し、ＮＰＯ復興まちづくり研究所（理事長 濱田甚三郎）を設立するに至った。

13　２０２４年の元旦に発生した能登半島地震は、発生後１か月半の段階で石川県の避難者は2万3千人を超え、住宅の全半壊は6万棟にのぼると報道されている。交通環境、上下水などインフラの損壊は激しく、ボランティア活動もままならない状況である。被災者の困難はいかばかりであろう。

14　「区立施設マネジメント計画（第1期）２０２４年度〜２０３０年度」（２０２３年10月）本文と資料編を含むＡ４サイズ・１４０ページ余りの計画案。

15　杉並区の多くを占める第一種低層住居専用地域では、小中学校を広く多様な人びとの利用する施設に転用する場合、「集会施設」などとして建築基準法の用途の変更の許可を得る必要が生じる。この場合、区長（建築基準法の「特定行政庁」）が許可することになるが、許可には、建築審査会の同意が必要である。（建基法第48条第1項など）

16　この案件は、当該施設にあった区民集会所（会議室の機能が中心）のスペースを未就学児の発達相談係や以前から設置されていた福祉事務所の会議室に変更するものである。用途変更には建築審査会の同意が必要である。なお区民集会所は、直線距離で400メートルほど移転して誰もが立ち寄れるコミュニティ施設の一部として位置づけられた。

17　公共施設の再編は、個々の区民にとっては辛い結果を生むことが多々ある。たとえば、子どもたちの学区域が変わり、通学距離が長くなる、長年馴染んできた施設が他の用途に転用され、居場所がなくなる、などである。

18　2021年度の「区立施設再編計画」。これに批判的な現区長のもとで注14に記したように、新たな計画に替えることが提案されている。

19　そうした意味からは、杉並区にもたくさん優れた事例がある。たとえば、もう15年ほど前になろうか区立荻窪小学校の移転跡地に建設された大宮前体育館は、校舎の正面にそびえていた3本の大きなイチョウを残した。プロポーザルで1等になった建築家・青木淳氏の提案が高く評価されたのである。同様の考えから、第1章5節に記した日産自動車荻窪事業所跡地の「桃井原っぱ公園」への、事業所の元職員によるペンシルロケットの記念碑の寄贈を得難い「記憶の見える化」と受け止めている。

寄稿

1　本書で鳥山氏が言及している鳥山氏が関与されてきたこれまでの著作（例：まちづくり研究会（1992）『あなたのまちをデザインする61の方法』日本コンサルタントグループ、日本建築学会によるまちづくり教科書の一連のシリーズ等）や、東京都特別区自治体職員によるもの（上山肇、河上俊郎、伴宣久（2024）『〔実践〕自治体まちづくり学』公人の友社）のほか、以下を参照。

・アラン・B・ジェイコブス（著）（蓑原敬他（訳））（1998）『サンフランシスコ都市計画局長の闘い：都市デザインと住民参加』学芸出版社

・田村明（2006）『都市プランナー田村明の闘い—横浜〝市民の政府〟をめざして』学芸出版社

・原昭夫（2003）『自治体まちづくり』学芸出版社

なお原昭夫（2003）は「失敗・クレーム・紛争から学べ」と指摘している。

2　王立都市計画協会：Royal Town Planning Institute

3　専門能力評価：Assessment of Professional Competence

4　ドナルド・A・ショーン：Schon, Donald A, 1930 - 1997

5　反省的実践者：reflective practitioner
反省的実践　：reflective practice

6　The Royal Town Planning Institute (2005) "*Guide to the Assessment of Professional Competence (APC)*", August 2005

7　ドナルド・A・ショーン著（柳沢昌一、三輪建二（訳））（2007）『省察的実践とは何か』鳳書房

8　パッツィ・ヒーリー（著）（後藤春彦、村上佳代訳）（2015）『メイキング・ベター・プレイス：場所の質を問う』鹿島出版会

9　以下を参照のこと。
・田村明（2006）における「都市プランナーにとっては、コンサルタントでもシンクタンクでも大学でも役人でも、それは居場所であって、職業としては変わりがない。（中略）実践的都市プランナーというプロフエッションが存在し、必要だということを身をもって証明してみせられる」の記述
・鈴木伸治（著、編）（2016）『今、田村明を読む：田村明著作選集』春風社
・大高正人、槇文彦、蓑原敬、田村明（1978）「横浜市企画調整局10年のあゆみ」『横浜、都市計画の実践的手法、その都市づくりのあゆみ』鹿島出版会、37～47頁
・大森彌著（編集協力自治体学会）（2015）『自治体職員再論～人口減少時代を生き抜く』ぎょうせい

10　小川富由（2000）「地方公共団体の文脈から見た都市計画」（蓑原敬編『都市計画の挑戦：新しい公共性を求めて』）学芸出版社

11　ドイツにおけるプランナーの職能形成については以下を参照。
・大村謙二郎、有田智一、小俣元美（2003）「ドイツにおける自治体都市計画プランナーの職能形成に関する調査」『都市計画論文集』38・3、日本都市計画学会、343～348頁、

12　中島直人、一般社団法人アーバニスト（2021）『アーバニスト―魅力ある都市の創生者たち』筑摩書房

13　日本都市計画学会（2024）『都市計画：特集 令和版民間都市プランナー論―これまでの歩み、これからの歩み』367号

14　星卓志（2012）「自治体プランナーの仕事」『都市計画：特集 都市計画を拓く人たち』298号、60～63頁

15　宮台真司（2014）『私たちはどこから来て、どこへ行くのか』幻冬舎

16　Mitchell J. Silver (2009), "The anatomy and soul of a

place", in International City County Management Association (2009), *"Local Planning: Contemporary Principles and Practice (An ICMA Green Book)"*, pp. 61 - 65.

■著者略歴

鳥山千尋（とりやま ちひろ）

まちづくりプランナー。
復興まちづくり研究所幹事／杉並区建築審査会委員（会長）。
1946年東京生まれ。69年明治大学工学部建築学科卒業。建築設計事務所などを経て、74年杉並区に勤務。主にまちづくり、建築行政を担当する。まちづくり推進課長、建築課長、都市計画課長、まちづくり担当部長などを歴任。参加・協働のまちづくりに広く携わる。2007年杉並区を定年退職。区民生活部参事（文化施策担当（非常勤））として区立劇場「座・高円寺」の開設準備などを担当。その後、社会福祉法人理事を経て、2012年NPO復興まちづくり研究所設立に参加。陸前高田市長洞《ながほら》集落の復興支援、世田谷区、港区などの防災施策支援を行う。一級建築士、技術士（建設部門／都市及び地方計画）。
主な著作（いずれも共著）
・『あなたのまちをデザインする61の方法』（1992年、日本コンサルタントグループ）
・『まちづくり協議会読本』（1999年、学芸出版社）
・『提言！仮設市街地〜大地震に備えて〜』（2008年、学芸出版社）
・『実践！復興まちづくり 陸前高田・長洞元気村 復興の闘いと支援2011〜2017』（2017年、合同フォレスト）

■寄稿者略歴

有田智一（ありた ともかず）

筑波大学システム情報系社会工学域教授（都市計画、都市・住宅政策など）。

建設省、建築研究所などをへて筑波大学に異動。多くの自治体の都市計画審議会、建築審査会委員を務める。『都市計画の地方分権』（1999年、日本都市計画学会、学芸出版社、共著）、『建築法制の制度展開の検証と再構築への展望』（2022年、日本建築学会、技報堂出版、共著）、『協働型都市開発』（2023年、近代科学社Digital、共著）など著書、論文多数。

柳沢 厚（やなぎさわ あつし）

都市計画家／まちづくりコンサルタント／C－まち等の計画室代表。

政府や多くの自治体の都市計画審議会、建築審査会等の委員を務める。現在、長野県都市計画審議会会長、元日本都市計画家協会常務理事。『まちづくり・都市計画なんでも質問室 改訂版』（2012年、ぎょうせい、共著）など、まちづくり、都市計画、建築基準法制などに関する著書、論文多数。

［本書ホームページ］
https://book.gakugei-pub.co.jp/gakugei-book/9784761529017/

失敗に学ぶ　自治体まちづくりの仕事

2024年 9 月 10 日　第 1 版第 1 刷発行

著　者　鳥山千尋
寄　稿　有田智一、柳沢 厚

発行者　井口夏実
発行所　株式会社 学芸出版社
京都市下京区木津屋橋通西洞院東入
電話 075－343－0811　〒 600－8216
http://www.gakugei-pub.jp/
info@gakugei-pub.jp
編集担当　前田裕資

装　丁　金子英夫（テンテツキ）
印　刷　イチダ写真製版
製　本　新生製本

ISBN 978－4－7615－2901－7

好評発売中

飛び出す！公務員

時代を切り拓く 98 人の実践

椎川 忍・前神有里・井上貴至 ほか 編著

四六判・272 頁、定価 本体 1800 円＋税

公民連携エージェント

「まち」と「まちを使う人」を元気にする仕事

入江智子 著

四六・216 頁、定価 本体 2200 円＋税

まちのファンをつくる 自治体ウェブ発信テキスト

狩野哲也 著

四六判・240 頁、定価 本体 2200 円＋税

協力のテクノロジー

関係者の相利をはかるマネジメント

松原 明・大社 充 著

A5 判・312 頁、定価 本体 2700 円＋税

SDGs ×公民連携

先進地域に学ぶ課題解決のデザイン

高木 超 著

A5 判・240 頁、定価 本体 2500 円＋税